JN199757

浅見泰司＋樋野公宏 編著

民泊

を考える

PROGRES
プログレス

まえがき

　インターネットの上のマッチングビジネスの台頭により，一般の住宅を宿泊場所として提供する民泊が大きく発達した。しかし，現在の民泊のような事業形態が存在しなかった時代に作られた旅館業法によって民泊を律するにはやや無理がある状況であった。インバウンド観光客の増加により，ますます社会的に普及すると思われる民泊事業を法的に位置づけるために，住宅宿泊事業法が昨年制定され，今年6月に施行されることとなった。

　すでに，大きく普及している民泊については，様々な問題が指摘されていた。上述したように，従来，旅館業法を適用してきたことにより，すでに多く供給されている住居専用地域における民泊はすべて違法であり許可を受けることなく営業するいわゆる「ヤミ民泊」が多かったこと，不適切に運営されている民泊があることにより様々なトラブルが発生していること，そのような民泊がいつ何時近隣に入り込むかわからない社会的不安感があることなどがある。また逆に，適正に運営されている民泊についても，ヤミ民泊と同様に見なされることによる風評被害がありうる。今回法律が整備され，また，それに基づいて条例も整備されつつあることから，今後適正なビジネス形態に移行していくことが期待される。

　このような転換期にある民泊について，様々な観点からの論説を集めたのが本書である。民泊にかかわる総論，法律的な位置づけ，地域活性化や観光振興への期待，民泊と住環境，類似宿泊事業，体験記など多様な視点から民泊を論じた。ちょうど，経済活性化を目指す国と住環境を守りたい自治体の立場の違いが浮き彫りになり，国民の期待と不安が入り交じる今こそ刊行すべきと考えた。

本書が，民泊の適正な普及を考えて行く上で，少しでもお役に立てれば，著者一同，望外の喜びである。

　本書を刊行するにあたり，プログレスの野々内邦夫氏には大変お世話になった。ここに記して謝意を表したい。

2018 年 3 月 15 日

浅 見 泰 司
樋 野 公 宏

目　次

旅館業法と民泊 ……………………………………………… ［安念　潤司］

住宅宿泊仲介業の法的位置づけ ……………………………… ［小澤　英明］

不動産業から見た民泊の法的問題点
——住宅宿泊事業法の施行後の対応を中心に—— ……………………………［佐藤　康之］

私の民泊体験記
──古民家, 空き店舗を使ったシェア的生活実験── ……………………………[三浦　　展]

民泊の現状と展望

東京大学大学院 工学系研究科 都市工学専攻 教授

浅 見 泰 司

1. はじめに

　住宅宿泊事業法が 2017 年 6 月 9 日に参議院で可決し，成立した。これにより，これまで不明確だった民泊の法的な位置づけが明確になった。

　民泊とは，一般の民家を宿泊場所として提供することを意味する。宿泊の場を提供する場合に，対価を取らなければそれは慈善行為であり，業とは見なされない。しかし，対価をとる場合には宿泊業となりうる。以下，本章では，対価を得るビジネス形態の民泊に限定して議論することにする。

　近年，爆発的に伸びている民泊のビジネス形態は，インターネット上で民泊サイトに物件概要を掲載し，潜在的な宿泊客とのやり取りの末，利用を確定するものである。この際に，サイトを通して支払いを行うことで，サイト側はマージンをとって利益を得て，物件提供側に残額を支払う。サイトには，利用者は物件ないし物件提供者の評価をアップし，他方，物件提供者は利用者の評価をアップすることで，互いに評価しあい，次回以降のサイト利用者の参考に供する。この他，民泊サイトではなく，様々な口コミサイトやインターネットを介さないで，利用者を募ることも可能である。

民泊は，ホテルや旅館に比較すると，小規模で家庭的な雰囲気を味わえるものも多く，庶民的な生活を体験したい旅行者に親しまれている。そのため，海外においても大きく普及している。民泊サイトとしてはAirbnbを代表とする海外発のサイトが多く存在する。

　民泊が国策としても後押しされた大きな理由としては，今後の日本の産業事情がある。すでに人口が減少を始めている状況で，内需の拡大はさほど期待できない。そのために，外需の拡大を目指す必要がある。その一つの方策として，観光振興がある。幸い，日本はその魅力が世界的にも名高く，毎年の観光客は大きく増加している（西海，2016）。このため，一部の地域でホテルの供給が不十分で，ホテルの予約が難しいことが指摘されている。ホテルの新たな開発もなされてきているものの，十分ではない[1]。他方，住宅の空き家率は年々増加しており，国富の大きなシェアを持つ不動産資産の有効利用も重要な課題であった。このことから，住宅を収益施設にすることで有効活用し，観光立国に資する民泊は格好の推進すべき政策課題であった。

　また，民泊自体はすでに国内で広く浸透してきているにもかかわらず，法的な位置づけが不明確で，闇民泊も横行しているという社会問題にもなっていた。そのため，民泊について法秩序を構築することは喫緊の課題であったのである。

2.　民泊の位置づけ

　民泊は新たな利用形態であるために，住宅宿泊事業法以前の法制度では必ずしも適切に位置付けられてはいなかった[2]。自宅ないしその一部を一時的に貸すのであれば物的には住宅に近いが，反復して宿泊場所を提供するのであれば，宿泊業ととらえる必要がある。

　民泊は住宅宿泊事業法で位置づけられたが，民泊のすべてをこの法律で規定しているのではない。あくまで，住宅と見なせるぎりぎりの範囲を明確にしただけで，それに逸脱したものは簡易宿所となるために，今後も旅館業法で位置づけられる[3]（**表1参照**）。

　住宅宿泊事業法をみてみると，住宅として見なせる民泊を以下のように定義している（住宅宿泊事業法第2条）。もともと住宅であったもの[4]，かつ，年間の提供日数が180日以下（ただし，この180日の上限は自治体の条例で引き下げることが可能）。このうち，もともと住宅であったものという定義はあまり議論を呼んでいないように思われるが，実は重要な意味がある。すなわち，住宅宿泊事業法では，既存住宅でなければならず，新築してそのまま民泊にするということは想定されていないのである。現実には，旅館でも特定の季節にしか客が来ないような場合には，民泊に切り替えることで，旅館に課される様々な規制から逃れることができてしまう。あるいは，宿泊業であるにもかかわらず，民泊という形で新規に業をはじめてしまうことができてしまう。このような規制逃れの悪用を阻むために，この規定がある。

　また，年間の提供日数が180日以下というのは，1年365日の半分未満を確保し，あくまで民泊が副次的なものであることを提供日数により確認したものである。ただし，この180日という日数制限は，海外と比較すると比較的緩い設定となっている。厚生労働省に置かれた「民泊サービス」のあり方に関する検討会の2015年11月27日に開催された資料によれば，ロンドンでは，90日以内の場合には許可が不要だが，それを超える場合は建物の転用許可が必要とされている。また，パリでは4ヶ月未満の場合は許可が不要だが，それを超える場合は自治体への利用形態変更の許可が必要である。180日に近い規制としては，サンノゼ（アメリカ）で貸出期間が年間180日までというものがあるが，日数での制限ではより厳しいものも多い。

　住宅として見なせない民泊，すなわち上記の2条件を満たせない民泊は，こ

表1 住宅宿泊事業法上の民泊と旅館業法上の民泊（簡易宿所）の比較

		住宅宿泊事業法上の民泊		旅館業法上の民泊（簡易宿所）
定義	住宅	1）生活の本拠として使用するために必要な設備が設けられている 2）生活の本拠として使用されている家屋，従前の入居者の賃貸借の期間の満了後新たな入居者の募集が行われている家屋など居住の用に供されていると認められるもの	簡易宿所	宿泊する場所を多人数で共用する構造および設備を主とする施設 客室の延べ床面積は33㎡（10人未満では3.3㎡×宿泊者数）以上 条例で定める構造設備の基準に適合
	宿泊	寝具を使用して施設を利用すること	宿泊	寝具を使用して施設を利用すること
事業	住宅宿泊事業	1）宿泊料を受けて住宅に人を宿泊させる事業 2）人を宿泊させる日数が1年間で180日を超えない	簡易宿所営業	宿泊する場所を多人数で共用する構造および設備を主とする施設を設け，宿泊料を受けて，人を宿泊させる営業で，下宿営業以外のもの（旅館業の一つ）
宿泊事業	住宅宿泊事業者	住宅宿泊事業を営む者	簡易宿所営業者	簡易宿所営業を営む者
		都道府県知事に届出		都道府県知事の許可が必要
		住宅宿泊事業廃止を命ぜられてから3年を経過しない者は欠格		許可を取り消され，取消しの日から起算して3年を経過していない者
		住宅宿泊事業の適正な遂行のための措置が義務		営業者の必要な措置
		A1）宿泊者の衛生確保		a1）宿泊者の衛生確保
		A2）避難機器設置等の安全確保		→建築基準法，消防法
		A3）外国語による施設利用方法の説明		
		A4）宿泊者名簿の備付け		a4）宿泊者名簿の備付け
		A5）騒音防止等，必要事項の宿泊者への説明		a5）営業の施設の整備および宿泊に関するサービスの向上に努める
		A6）苦情等の処理		－
		A7）契約の仲介を委託する場合，登録を受けた旅行業者または住宅宿泊仲介者への委託		－
		A8）標識の掲示		－
		A9）年間提供日数の定期報告		－
		家主不在型の義務：上記措置を住宅宿泊管理業者に委託		－
		都道府県知事は住宅宿泊事業者に係る監督し，業務改善命令，業務停止命令，業務廃止命令，報告徴収，立入検査可能		都道府県知事は，業務改善命令，業務停止命令，許可取消，報告徴収，立入検査可能

		住宅宿泊事業法上の民泊	旅館業法上の民泊（簡易宿所）	
管理業	住宅宿泊管理業者	住宅宿泊事業者から委託を受けて，報酬を得て，住宅宿泊管理業務を行う者	—	
		国土交通大臣の登録が必要		
		住宅宿泊事業の適正な遂行のための措置（A1 － A9）の代行		
		住宅宿泊管理業の適正な遂行のための処置		
		B1）信義・誠実に業務を処理		
		B2）誇大広告等の禁止		
		B3）不実告知等の禁止		
		B4）管理受託契約の内容の説明		
		B5）契約書面の交付		
		B6）住宅宿泊事業者への定期報告		
		国土交通大臣は住宅宿泊管理業者に係る監督し，業務改善命令，業務停止命令，登録の取消し，報告徴収，立入検査可能		
		都道府県知事は住宅宿泊管理業者が代行する「住宅宿泊事業の適正な遂行のための措置」に係る監督し，業務改善命令，国土交通大臣への業務停止命令要請，報告徴収，立入検査可能		
仲介業	住宅宿泊仲介業	旅行業法上の旅行業者以外の者が，住宅宿泊事業者から委託を受けて，報酬を得て，住宅宿泊管理業務を行う行為	報酬を得て，旅行者のため，運送または宿泊のサービスの提供を受けることについて，代理して契約を締結し，媒介をし，または取次をする行為	旅行業の一部
		観光庁長官の登録が必要	観光庁長官の登録が必要	
		住宅宿泊仲介業の適正な遂行のための措置	旅行業者の義務	
		C1）信義・誠実に業務を処理	—	
		C2）住宅宿泊仲介業約款の届出および掲示	c2）旅行業約款の観光庁長官の認可および掲示	
		C3）宿泊料金，仲介手数料の公示	c3）省令に従って定められた料金，料金の掲示	
		C4）住宅宿泊仲介契約の内容説明および書面交付	c4）契約内容の説明および書面交付	
		C5）不当な勧誘等の防止	c5）誇大広告の禁止	
		観光庁長官は住宅宿泊仲介業に係る監督し，業務改善命令，登録の取消し，報告徴収，立入検査可能	観光庁長官は旅行業に係る監督し，業務改善命令，登録の取消し，報告徴収，立入検査可能	

れまで通り，旅館業法の制約をうける。旅館業法では，宿泊料を徴収し，不特定の者を宿泊させ，継続反復性があり，生活本拠でない場合には旅館業法上の営業許可が必要であるとされる。住宅として見なせないというのは，とりもなおさず生活本拠でないということになる。

3. 民泊の関連制度

民泊は旅館業法または住宅宿泊事業法で位置づけられているが，他にも関連する制度は多い。

建物の立地については，建築基準法の用途地域で規制されている。住宅宿泊事業法の対象外の民泊はホテル，旅館と見なされるが，これらは住居専用地域（低層住居専用地域，中高層住居専用地域）では立地が許されていない。そのため，旅館業法のもとの簡易宿所として位置づけられると，住居専用地域（低層住居専用地域，中高層住居専用地域）では民泊を開業できない。用途地域がかかっている地域の中で，住居専用地域の面積は 38.4% であり，この地域では住宅の構成率が高いことを鑑みると，多くの住宅が旅館業法のもとでの民泊としては活用ができないことになる[5]。

旅館業法にもとづく民泊の情報を提供して宿泊を手配する場合には，民泊の仲介業者は旅行業法により，旅行業の登録が必要となる。この場合に，他法令に違反するサービス（営業許可を受けていない宿泊施設）を斡旋することは禁じられている。これまでは民泊の分類が不明確であったために，この点についての扱いが曖昧なままであった。しかし，住宅宿泊事業法の成立後は，どちらの分類になるかが明確となるために，今後厳格に運用されることが予想される。

建物は建築基準法や消防法の構造設備基準を満たさねばならない。一般に，住宅の方が，ホテルや旅館よりも基準が緩い。住宅では，居住者が日常的に居

住しているために，その空間構成や設備について把握しており，緊急時にも適切な行動がとれると期待できる。これに対して，宿泊施設のように不特定多数の客が滞在する場合には，空間構成や設備について十分に理解していない可能性が高く，より高度の安全性が求められる。ただし，住宅宿泊事業法に位置づけられる民泊であっても，宿泊客は後者に近い状況であると思われ，消防法上の扱いはこれから精緻化されていくものと思われる。

　民泊で提供される住宅がマンションの一室である場合には，その管理規約に適合していなければならない。多くの場合に，管理規約が定められた当初には民泊のような利用形態は想定されておらず，管理規約上の位置づけが曖昧なままである。そのため，管理組合において当該マンションにおける民泊を認めるかどうかを決議し，その決議内容を新たに管理規約変更の手続きを経て加えることが望ましいだろう。

　また，民泊で提供される住宅が賃貸住宅である場合には，その賃貸借契約に適合していなければならない。標準的な賃貸借契約では，賃貸人の承諾を得ることなく転貸してはならないこととされている。どちらの場合も，それに違反する民泊は第一義的には住宅宿泊事業者の責任が問われることとなり，業務停止命令の対象にもなりうる。また，そのような民泊を繰り返し紹介すると，住宅宿泊仲介業者は登録取消も覚悟せねばならないだろう。

　民泊は宿泊を提供するビジネスであるため，税法上その収入に対しては納税義務が発生する。旅館業法であれ，住宅宿泊事業法であれ，民泊はどちらかに位置づけられるために，民泊の営業は政府の知るところとなり，今後は税務当局の捕捉がしやすくなる。また，旅館業法の許可もしくは，住宅宿泊事業法上の届出がない民泊は，直ちに違法な闇民泊となるので，闇民泊の摘発も容易になる。

　自治体の条例では，旅館のあり方について，法律や政省令に上乗せする形で規制を強化している場合がある。たとえば，風呂やトイレについて，男女別に

敷設することは，旅館では当然のように思われるが，住宅を貸す場合には，風呂もトイレも一つしかないケースは多い。もしも条例でそのような上乗せ規制があれば，法律に合致していても，条例に合致していないと旅館業法上の民泊営業が認められない可能性がある。同様なことは，フロントの設置の必要性にもあてはまる。そのような自治体では，多くの民泊が住宅宿泊事業法上の民泊として活用されると思われる。

4. 民泊のトラブル防止

　これまでも民泊では，以下のような様々なトラブルが報告されている[6]（浅見，2016）。宿泊者に乱雑に使われて家の中の物が破損した。マンションに不特定多数の旅行者が立ち入った。マンションのゲストルームが民泊に転用されていた。民泊利用者がマンションの共用空間を乱雑に使用していた。民泊利用者がパーティなどを開いて騒音が激しい。民泊利用者のゴミ出しが乱雑である。犯人の滞在場所になった。性犯罪など犯罪現場になる懸念がある。民泊事業者が所得申告をしていない。

　中でもニュースで深刻に報じられているのは，近隣や社会に迷惑がかかる事態である。本来マンションの居住者が公平に利用機会を持つべきゲストルームを独占して民泊に使用する行為は，他の潜在的利用者の機会を奪っているという意味で迷惑がかかっており，かつ，居住者へのサービス施設としての安価な料金設定を悪用している。民泊利用者によって毎晩のように繰り返される騒ぎや乱雑なゴミ出しは，宿泊者が毎回変わるので注意しても効果は薄く，繰り返されてしまい，近隣居住者は迷惑を被る。犯罪が関係すれば，なおのこと問題が大きい。

　マンションに関しては，特に懸念する声が大きい。山本（2016）は，マンシ

ョン管理センターに寄せられる相談の中でシェアハウスや民泊など住宅の新たな利用形態についての相談があることを述べている。また，植田（2016）は，マンション管理の支援者の立場から，民泊に付随しがちな迷惑行為をいかに予防するかが重要であることを指摘している。さらに，折田・稲岡（2016）は，マンションの管理規約における対処方法を具体的に提案している。マンションのように共用施設などがある場合の民泊の扱いは，特に注意を要する。

　これらの問題に対応するために，近隣トラブルの防止や苦情等の処理は住宅宿泊事業法においても住宅宿泊事業者の義務と位置づけられている。家主不在型の場合にはこれらの対応は住宅宿泊管理業者に委託される。

5. 民泊の今後の展望

　民泊は地域活性化の大きな機会になりうるにもかかわらず，多くの地域で懸念が表明されている大きな原因として，民泊が地域のコントロールがきかない宿泊業であると見なされているからである。住宅地に入り込み安寧な居住を突然乱す懸念の声も聞く。そこで，民泊を活かしていくための方策として，民泊を地域産業に位置づける可能性を論じてみたい。すなわち，民泊を住宅地における一戸一戸の個別の利活用として考えるのではなく，地域で民泊利用者を顧客にするという発想である（関川，2017）。

　まずは，マンションで民泊を進める場合の可能性を考えてみる。その場合には，管理組合において民泊の是非を十分に議論し，その上で民泊を是認する場合にはどのような取り決めがなされるだろうか。おそらく，民泊を行うに当たっての共同施設利用のルール，立入可能地域の設定，駐車場の利用に際しての料金設定なども定められるだろう。マンション内で何が守られるべきか，また若干の迷惑が発生する場合にその対価をいかに他者に還元するかを決めること

が想定される。

　マンションを横に展開したものが住宅地であると考えれば，地域で何を取り決めるべきかが自ずと明らかになる。やはり，地域における地域施設利用のルール，立入可能地域の設定，地域における施設（空地を含む）の利用に際しての料金設定などの取り決めがあっても何の不思議もない。ただ，残念ながら，地域においてこのような取り決めを行うことがマンションほど容易ではない点が問題となる。地区協定を締結して，このような仕組みを整えることが一つの方策になりうる。

　さらに，民泊経営が地域にもプラスの外部性をもたらす工夫があってもよい。たとえば，路地状の地区であれば，そのとば口のところに共通の帳場を設けて路地内の民泊を共通管理したり，民泊とレストラン，商店，地域スポーツなどの娯楽産業が提携することで，民泊以外にもその便益が享受できるようにするなどの方策が考えられる。民泊を契機にして，地域内での連携を深めることができれば，たとえば治安的な問題もある程度解決できるだろう。

　このような成功例がいくつかできれば，民泊の地域ビジネス化が普及していくものと期待できる。

　民泊に対する懸念に似た現象として，ワンルームマンション問題があるように思われる。ワンルームマンションが普及し始めた初期は，短期居住で昼間は家におらず，地域に対する関心の薄い居住者のモラルが問題となった。典型的には，ゴミ捨てのマナーが守られず，地域の人に迷惑がかかるというような事態が散見された。しかし，最近のワンルームマンションではほとんどゴミ捨てケージが付いていて，たとえばカラスの被害を防いでいる。このように，民泊においても入居者に対しての心得の浸透の仕方，民泊のハードの作り方など，スタンダードをつくって，それを少しずつ工夫していくことによって，迷惑でない施設に変わっていく可能性が十分にあると思われる。

6. おわりに

　本章では，対価を得るビジネスとしての民泊について議論した。人口減少が始まっている日本で，観光振興は国策としても重要となっている。宿泊場所の確保は喫緊の課題であり，空き家対策にもなりうる民泊は格好の政策課題となった。闇民泊も横行している中，法的整備が急がれたのである。

　住宅宿泊事業法の民泊と旅館業法の民泊（簡易宿所）との対比を**表1**に示した。住宅宿泊事業法の民泊はあくまで住宅であるという位置づけであるために，もともと住宅であり，かつ，年間の提供日数が180日以下という制約がある。その民泊は所有者が自分で住宅宿泊事業者になるか，住宅宿泊管理業者に事業を委託する方法がある。どちらにしても，衛生確保や苦情処理などの業務を行わねばならない。届出，登録などの仕組みを整えたために，今後は民泊の把握が容易になる。民泊は上記のどちらかの法律のみならず，建築基準法，旅行業法，消防法，マンションの場合は管理規約など様々な制度とも関連する。関連諸制度との関係は今後整備されていくものと思われるが，地方自治体における条例やマンションの管理規約などで個別に仕組みを変える余地があり，民泊の制度は場所に応じて異なる可能性が高くなる。

　民泊の今後の振興を考えると，地域やマンション一棟での連携や理解が欠かせない。民泊を行う場合のルールを定め，その利益も周辺に及ぶような成功事例の積み重ねにより，適切な民泊が普及することを期待している。

〈参考文献〉

浅見泰司（2016）「民泊の現状と今後の方向性」『日事連』54（637），16-19

植田雅人（2016）「マンション管理組合と「民泊」：マンション管理の支援者の立場から」『マンション学』55，59-65

折田泰宏，稲岡良太（2016）「マンションにおける民泊・シェアハウスの法的諸問題」『マンション学』55，66-71

国土交通省（2016）『平成 27 年度国土交通白書』国土交通省

関川卓司（2017）「新しい宿泊形態（ゲストハウス・民泊）の出現による町家地域の再生の可能性―奈良市ならまち・京終地域の事例を中心に―」『創造都市研究ｅ』12（1），9-29

鳥海重信，稲川敬介（2017）「東京オリンピック開催時の宿泊需要予測」『オペレーションズ・リサーチ』62（1），15-21

西海重和（2016）「外国人の日本での不動産活用の実態と課題：民泊を中心に」『日本不動産学会誌』30（2），32-36

福井秀夫（2016）「民泊の法的論点と政策」『日本不動産学会誌』30（2），37-44

山本節彦（2016）「マンション管理の現状と課題」『日本不動産学会誌』29（4），100，104

吉田一喜（2016）「国家戦略特区制度を活用した大田区の「特区民泊」事業について」『日本不動産学会誌』30（2），45-49

〈注〉

(1)　鳥海・稲川（2017）は，東京オリンピック開催時の宿泊需要予測を行い，現在の宿泊施設の状況では宿泊需要をまかなうことができない可能性を論じている。

(2)　福井（2016）は，そもそも民泊に関する法令適用関係や適切な解釈に関する整理分析が足りていないことを指摘し，その法律秩序の在り方を論じている。

(3)　国家戦略特区制度で位置付けられる民泊（吉田，2016）もあるが，ここでは議論の対象から除く。

(4)　法律上は，「この法律において「住宅」とは，次の各号に掲げる要件のいずれ
にも該当する家屋をいう。一　当該家屋内に台所，浴室，便所，洗面設備その他
の当該家屋を生活の本拠として使用するために必要なものとして国土交通省令・
厚生労働省令で定める設備が設けられていること。二　現に人の生活の本拠とし
て使用されている家屋，従前の入居者の賃貸借の期間の満了後新たな入居者の募
集が行われている家屋その他の家屋であって，人の居住の用に供されていると認
められるものとして国土交通省令・厚生労働省令で定めるものに該当すること。」
と定義されている。

(5)　国土交通省（2016）によれば，全国の平成 26 年 3 月 31 日における用途地域が
定められている地域の面積は約 18,593㎢，住居専用地域の面積は 7,143 ㎢で，38.4
% を占める。

(6)　たとえば，http://airbnbtrouble. com/ というサイトでは，Airbnb 民泊ホスト
から集めたトラブルを紹介している。また，トラブル事例がニュースでも報じら
れている。

観光振興と民泊

東洋大学 国際観光学部 准教授
矢ケ崎 紀 子

1. はじめに

　2017 年 6 月，民泊に関する基本的なルールを定めた住宅宿泊事業法（民泊新法）が成立した。2018 年 6 月 15 日の施行を目指し，2018 年 1 月末現在，政府は政省令の公布を終え，登録システムの構築等の準備が進められている。都道府県や保健所設置市・特別区では条例制定にむけた作業が佳境を迎えている。

　わが国の民泊に関する法制度は，旅館業法の簡易宿所に分類される農林漁業体験民宿，住宅に旅行者を宿泊させることを規定した新法による民泊，新法の成立以前から国家戦略特別区域外国人滞在施設経営事業によって実施されてきた特区民泊，年 1 回 2 〜 3 日程度のイベントの際に自治体の判断によって実施できるイベント民泊（旅館業法適用外）の 4 種類である。

　バカンス等の長期休暇を取得して旅行する欧米豪では，自分の旅行中に空く自宅等を旅行者に有料で貸し出すことはさほど珍しいことではなく，また，旅行先の生活文化を体験したい旅行者をホームステイのように自宅で受け入れることも行われてきた。

　しかし，わが国においては，長らく，旅行者が宿泊するのは旅館業法の営業

許可を取得した旅館・ホテル・簡易宿所等であり，これらの施設は建築基準法の特殊建築物であることから，住宅地において旅行者へ有料での宿泊サービスを提供することは許されていなかった。こうした状況が，Airbnb 社を始めとする民泊サービスを仲介するプラットフォーマーの登場によって一変する。訪日外国人旅行者の急増によるホテル客室不足と料金高騰が民泊の浸透を後押しし，わが国の宿泊サービスの状況は大きく変化した。

　本章では，この変化が，国の成長戦略であり，地方創生の重要な柱である観光振興にどのような影響を及ぼすのかを考えていく。

2. 観光振興における宿泊産業の重要性

　観光振興の意義は，経済活性化とソフトパワーの向上の2つであると考えられる。経済活性化は，域外からの旅行消費額を増加させ，それを地元企業間の取引を通じて域内で循環させることによって効果を発揮する。ソフトパワーの強化は，旅行者が訪問国・地域のファンになることによって，その国・地域の言動を支持したり，その産品を購入する等の効果が期待できる。域外の人々から評価されることによって，住民が地域に誇りを持つ効果も期待できる。

　これらの目的を達成するためには，旅行者の滞在時間を伸ばすことが重要である。観光消費は滞在時間と相関し，日帰り客と宿泊客では1人あたりの消費単価が大きく異なる。また，国・地域のファンになってもらうためには，多くの観光資源を楽しんでもらい，住民との交流機会をもってもらう必要があり，やはり，十分な滞在時間が必要になる。また，訪問地を好感情とともに理解する人々は，リピーターとなる可能性が高い。リピーターには，地域の人々に代わって観光目的地を口コミで宣伝してもらうことや，初回訪問の家族や友人を連れてきてもらうことも期待できる。

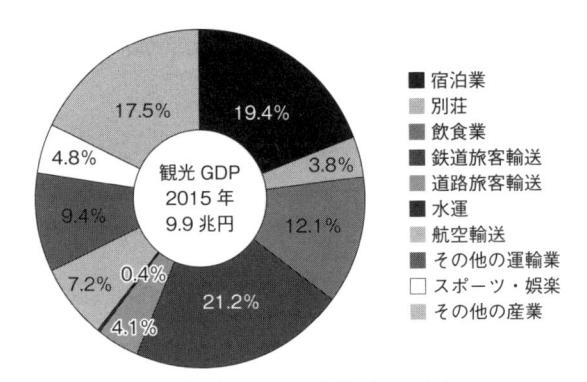

図1　わが国の観光 GDP の内訳（2015 年）
資料：観光庁「旅行・観光産業の経済効果に関する調査研究」（2015 年版）より作成。

　観光振興に取り組む地域は，こうした可能性を実現していく受入れ体制を整備する必要があり，その中で最も重要なのは，朝，昼，夜と時間帯によって旅行者が多様なサービスを必要とするよう，多くの滞在時間を確保できる宿泊機能を充実させることである。

　経済活性化の面から宿泊の役割をさらにみていこう。

　観光庁「旅行・観光産業の経済効果に関する調査研究」によると，2015 年の観光 GDP は 9.9 兆円であり，その内訳は，鉄道旅客輸送が 21.2%，宿泊業が 19.4%，飲食業が 12.1% である（図1）。宿泊業の貢献度は 2 割と高い。

　2012 年に観光庁が実施した「観光地域経済調査」では，業種別に，主な仕入れ・材料費や外注費の支払先地域を分析している。宿泊事業者は，仕入れ・材料費や外注費の 51.7% を同じ市町村に所在する企業に支払っており，同 35.1% が同じ都道府県内の企業への支払である。小売業，旅客運送業，駐車場業，飲食サービス事業，娯楽事業，生活関連サービスも含めた全体平均では，同じ市町村の企業に支払っている割合が 19.4%，都道府県内が 37.0%，他の都道府県が 38.3% であるのに対し，宿泊事業が観光消費を域内循環させる力が強いことがわかる。観光振興によって経済を活性化しようとする場合，まずは，その

地域の宿泊産業を強化する必要がある。

3. 宿泊の需給逼迫

（1） 訪日外国人旅行者数の増加

訪日外国人旅行者数は，東日本大震災の影響を乗り越え，2012 年から 2017 年まで，二桁の増加率を示している。

日本政府観光局（JNTO）の推計によると，2017 年の訪日外国人旅行者数は 2,869.1 万人に達し，JNTO が統計を取り始めた 1964 年以降で最高を記録した。その内訳は，中国 735.6 万人，韓国 714.0 万人，台湾 456.4 万人，香港 223.2 万人，米国 137.5 万人などである。

国連世界観光機関（UNWTO）の推計によると，1 泊以上の宿泊を伴って外国旅行をする人の市場規模は，2016 年に 12.4 億人（前年比 4％増）であり，2020 年には 13.6 億人，2030 年には 18.1 億人に増加すると見込まれている。

到着地別にみると，国際間移動が容易であるヨーロッパの割合が高いが，わが国が所在するアジア・太平洋地域は年率 5％の成長が見込まれており，2030 年には全世界の 3 割を占めると予測されている。

観光流動には，近くから多く，かつ，頻度高くやってくるという特徴があり，家族等の同行者の分まで含めた海外旅行商品を購入できるほどの所得水準を獲得した国・地域が周辺に多いわが国にとっては，インバウンド観光振興に有利な条件が揃ってきたと言える。

一方，過去に訪日外国人旅行者数の減少に影響を与えた事象としては，SARS（重症急性呼吸器症候群）や新型インフルエンザ等の流行性疾患，リーマンショック等の世界同時不況，東日本大震災が挙げられる。

こうしたイベントリスクや，大規模な送客元の国・地域との深刻な関係悪化，あるいは，アジアにおける深刻な政情不安や治安悪化が生じない限り，今後も訪日外国人旅行者数が増加する可能性は十分にある。

(2) 特定地域での宿泊の需給逼迫

訪日外国人旅行者数の増加とともに，東京・京都・大阪の所謂ゴールデンルートを中心に，ホテルの稼働率が高止まりしている（**表1，2**）。

北海道，福岡県，沖縄県も訪問地としての人気が高まってきているが，観光庁「訪日外国人の消費動向」によると，初来日の旅行者の割合が44.9％と多いため（2016年，観光・レジャー目的），首都・古都・商都を新幹線がつなぎ，その線上に日本を象徴する世界文化遺産の富士山があるゴールデンルートは依然として人気である。旅館の稼働率には余裕があるが，外国人旅行者の利用は進んでいないのが実態である。

2016年の東京都・京都府・大阪府における宿泊施設の客室稼働率は70～80％となっており，宿泊単価が比較的低いビジネスホテルやシティホテルの客室稼働率は80％を超えている（**表2**）。急増する訪日外国人旅行者の宿泊需要に

表1　訪日外国人旅行者数と客室稼働率の推移

		2011年	2012年	2013年	2014年	2015年	2016年
訪日外国人旅行者数（千人）		6,219	8,368	10,364	13,414	19,737	24,039
延べ宿泊者数（千人泊）		417,234	439,495	465,893	473,501	504,078	492,485
	外国人延べ宿泊者数	18,415	26,314	33,495	44,824	65,614	69,389
宿泊施設別客室稼働率（％）	全　体	51.8	54.8	55.2	57.4	60.3	59.7
	旅　館	34.7	35.5	33.4	35.2	37.0	37.1
	リゾートホテル	46.8	48.0	52.3	54.0	56.0	56.9
	ビジネスホテル	62.3	67.3	69.5	72.1	74.2	74.4
	シティホテル	67.1	72.5	75.7	77.3	79.2	78.7

資料：日本政府観光局（JNTO）発表資料と観光庁「宿泊旅行統計調査」より筆者作成。

表2　東京都・京都府・大阪府の客室稼働率(%)(2016年)

	東京都	京都府	大阪府
全　体	78.8	67.3	83.3
旅　館	59.8	42.9	41.3
リゾートホテル	75.7	55.0	89.0
ビジネスホテル	83.3	85.4	85.2
シティホテル	80.8	87.5	88.0
簡易宿所	55.2	28.5	58.5

資料：観光庁「宿泊旅行統計調査」より筆者作成。

よって需給が逼迫し，日本人のビジネス出張での宿泊先が確保し難い状況も生じている。

　こうした宿泊施設の需給逼迫は，ホテル経営者にとっては，従業員不足という課題が生じるものの，高稼働率や料金上昇による収益改善をもたらしている。

　一方，旅行者は，混雑や予約困難，料金高騰といったデメリットに直面することとなり，安価な宿を求める人々が民泊を選択肢に加えていった。

　民泊を安宿代わりに利用する傾向は主に中国をはじめとするアジアの国・地域からの旅行者にみられ，日本滞在日数が2週間前後と長く，訪問地の住民の日常生活を体験する志向が強い欧米豪からの旅行者とともに，民泊への需要を下支えしている。

　こうした民泊への需要を背景に，賃貸物件の所有者や管理者の中には，住みたい人に貸すよりも，宿泊料のほうが儲かるとして民泊をビジネスチャンスと考える人々が出てきた。なかには，日本の不動産を所有している海外投資家等が投資効果をさらに上げるために民泊ビジネスに参入している例もある。一方，お城，武家屋敷や町家等の地域固有の建築物を宿泊に利活用する事例もあり，民泊に活用される物件は多様化しつつある。

4. 民泊利用者の規模と特性

(1) 訪日外国人旅行者数と外国人の延べ宿泊者数の増加傾向の乖離

外国人の延べ宿泊者数と訪日外国人旅行者数について各々の前年比の推移を
みると，2015年までは双方とも歩調をあわせた伸び方をしていたが，2016年
には，訪日外国人旅行者数の前年比が21.8％増であったのに対し，外国人延べ
宿泊者数の前年比は5.8％増にとどまり乖離がみられた（図2）。

この間，訪日外国人旅行者の平均滞在日数に大きな変動はないことから，外
国人旅行者の中に，宿泊旅行統計の調査対象外の施設に宿泊する人（主に訪日
クルーズ旅客と民泊利用者）が増加していると考えられる。訪日クルーズ旅客の
大半は船内に宿泊することから，この分を差し引くと，2015年の訪日外国人
旅行者数は1,862万人，2016年は2,205万人であり，18.4％の増加である。
2016年の外国人の延べ宿泊者数が訪日外国人旅行者数と同じ前年比を示した

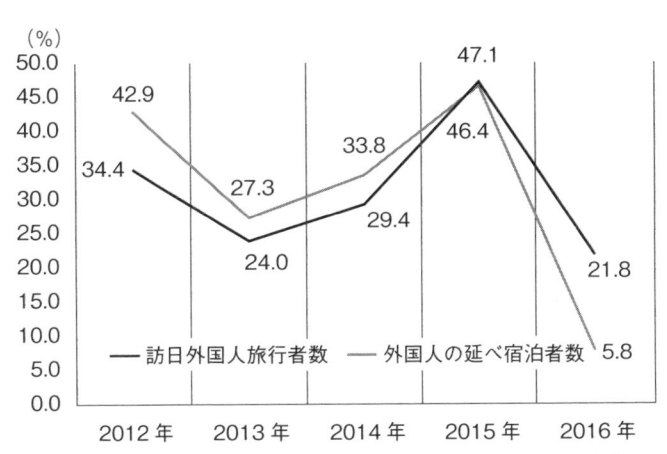

図2　訪日外国人旅行者数と外国人の延べ宿泊者数の前年比の推移
資料：日本政府観光局（JNTO）データ，観光庁「宿泊旅行統計調査」より筆者作成。

としたら7,800万人泊となっていたと考えられ，実際との差は約860万人泊である。

従来から韓国人旅行者を中心に在日の親族や知人宅に宿泊する人々がいることはわかっており，それ以外が民泊等の旅館業法上の宿泊施設以外の利用者と考えることができそうである。

訪日クルーズ旅客数は国土交通省港湾局がデータを管理しており，クルーズ船の寄港は前もってわかることからおおよその動向をつかむことが可能である。しかし，現在のところ，民泊に供されている戸数・部屋数を正確に把握するデータはない。

民泊新法では，家主（住宅宿泊事業者）は所在する都道府県知事（あるいは保健所設置市または特別区の長）に民泊を行うことを登録し，家主の責任において，民泊に供する部屋の衛生状況を良好に保ち，近隣住民へ説明して理解を求める必要がある。

都道府県等に登録された民泊物件は観光庁が構築する管理システム上で一元管理する構想であり，この管理体制が稼動し始めると全国の民泊物件数や実績等のおおよそのデータがわかる予定である。

地域経済の活性化に資する観光振興の観点からは，民泊という宿泊サービスがどのくらいの付加価値を生み出し，地域が受け取る観光消費にどのような貢献をしているのか，そして，それは，旅館業法上の宿泊施設と比較してどのような特徴があるのかまでを把握したいところである。

(2) Airbnb 社による民泊の規模

日本における民泊仲介大手の Airbnb 社には 2016 年に 5.3 万件の民泊物件が登録され，370 万人の訪日外国人旅行者，および 30 万人の日本人が利用した。民泊を提供するホストが受け取る報酬と利用者の滞在中支出の合計額は 4,061 億円，経済波及効果は 9,200 億円と試算されている。1 人あたりホスティング

の平均は，年間89泊で，収入は100万円程度とされており，これらの数値は
Airbnb社の世界平均と比較して2倍以上の高い水準とのことである。

　前述の約860万人泊の差を勘案すると，旅程の全部あるいは一部に民泊サー
ビスを活用して日本滞在を楽しんでいる外国人旅行者の姿が見えてくる。

(3) 民泊利用者の特徴

　Airbnb社によると，同社の民泊仲介サービスを利用した訪日外国人旅行者
の9割が旅の目的を「地元の人のように暮らすこと」と答えており，訪日リピ
ーターの割合は7割に達し，観光庁が把握している訪日外国人旅行者全体に占
めるリピーターの割合よりも15%ほど高くなっている。Airbnbがなかったら
日本に旅行していなかった，あるいは，それほど長くは滞在していなかったと
回答した利用者は3割弱である。

　また，Airbnbを利用する外国人旅行者の7割がミレニアル世代であり，こ
の世代の利用は2015年から2016年にかけて270%以上の増加を示した。他で
はできないユニークな経験を求め，訪問地の地域や生活に入り込むタイプの旅
を好むミレニアル世代が多いことが背景にあると分析されている。

　一方，訪日外国人旅行者の大半を占めるアジアからの旅行者，特に，中国人
旅行者が民泊を好む傾向にあることは観光業界では知られているところであ
る。中間層・富裕層であっても，交通と宿泊にはあまりお金をかけずにLCC
や民泊を利用し，買い物や現地での体験等に観光消費を重点配分する傾向があ
る。

　中国版Airbnbとも呼ばれる途家（Tujia）は，日本や韓国，シンガポール，
台湾等で事業を展開しており，わが国では日本途家株式会社を2016年4月に
設立している。

　途家は，訪日中国人旅行者の増加とともに民泊需要が伸びていくと見立てて
おり，2020年には訪日中国人旅行者数1,000万人，中国人旅行者向けの民泊市

場は 500 億円になると予測している。中国人旅行者にとって LCC と民泊は相性がよいため，中国 LCC の就航先の地方都市を含めて，2020 年までに 10 〜 15 万件の掲載物件数の獲得を目指し，500 億円市場の半分を日本途家が扱うことを目標としている。

2017 年 8 月に日本途家は，民泊仲介会社「楽天ライフルステイ」を設立した楽天グループと物件情報共有等の業務提携をすることを発表し体制固めを進めている。

訪日外国人旅行者の中で大きなシェアを占める中国人旅行者が増加するにつれ，旅行者自身の嗜好やそのニーズを満たすビジネスの体制の充実を背景に，わが国における中国人旅行者向け民泊という分野が大きくなっていくことが見込まれる。

5. 観光における民泊の影響

(1) 地域経済活性化への影響

① 宿泊サービスの多様化

世界には，ホテルのほかにも，古城や貴族の館，美しい田園風景の中にある農家，大学の寮，グランピング（高級なキャンプ）等の多様な宿泊先がある。わが国には世界に例をみない旅館があるが，民泊によってさらに宿泊形態が豊かになることは，国内外からの旅行者にとって楽しみの選択肢が増えることになる。

旅行者のニーズは，観光資源を見物しながら周遊するタイプの旅から，そこにしかないものを求めて地域の自然や文化，生活を楽しむ経験の旅へとシフトしてきており，民泊はこうしたニーズにも合致するものである。また，新しい

ビジネスモデルは新しい客を惹きつける。LCC がこれまで飛行機をあまり利用しなかった層の需要を開拓したように，民泊という新しい宿泊形態もそれを好む新規需要を開拓していくと考えられる。その中で重要な層は，次世代を担うミレニアル世代であり，この世代が普段着の日本人を理解し，日本ファンになってくれることの将来的な影響は大きいと期待できる。

② 宿泊産業の稼ぐ力への影響と社会的コスト

2014 年の観光 GDP8.7 兆円に占める宿泊業の割合（24.9％）は産業別でトップであり，第 2 位が鉄道旅客輸送の 18.7％，第 3 位が飲食店 12.0％であった。

しかし，2015 年の観光 GDP は 9.9 兆円に増加しているのに，宿泊業のシェアは 19.4％に低下し，金額は前年対比 241 億円も減少した。代わって，鉄道旅客輸送が金額ベースで 483 億円増加し，シェアも 21.2％となって，第 1 位となった。飲食店のシェアは 12.1％で第 3 位のままである。宿泊業も鉄道旅客輸送も各々の売上全体に占める観光の割合を伸ばしていることから，鉄道旅客輸送は観光分野でも稼げるようになったのに，宿泊業はその力を低下させているように見える。

観光庁「平成 24 年観光地域経済調査」によると，受け取った観光消費を域内の企業に渡す力は，小売業，旅客運送業，飲食業よりも宿泊業において強い。この宿泊業の稼ぐ力や付加価値を高める力が落ちているとしたら，観光振興による地域活性化にとって重要な問題である。観光 GDP に占める宿泊業の地位低下の要因として，高稼働率を維持するための人材不足や人件費の上昇，そして，民泊利用の増加等が考えられる。

一方，Airbnb 社のデータでは，同社の利用者の日本滞在中支出の内訳は，宿泊費の割合が訪日外国人旅行者全体の 1/3 程度に抑えられているのに対して，買い物や飲食費の割合は高くなっている。Airbnb 社の利用者の平均支出額が不明確であるので，この比較がどのような意味を持つのかまでを検討することは難しいが，民泊利用者が日本で支出する観光消費額自体は純増外需であ

ることから地域経済活性化に一定のプラスの影響はある。

　しかし，既存の住宅を利用する民泊と，旅館業法上の宿泊施設は，旅行者を宿泊させるという機能面では同じであるが，そのサービスを提供する環境整備にかけるコストが大きく異なっている。

　旅館業法上の宿泊施設は，同法以外に，建築基準法，都市計画法，耐震改修促進法，消防法，食品衛生法，暴力団対策法，水質汚濁防止法，温泉法，風俗営業等の規制及び業務の適正化等に関する法律などの法規制が要求する基準等をクリアする必要がある。旅行者が安全に夜を過ごすことができる環境を整えるために，そして，不特定多数が利用する施設から伝染性の疾病等が発生しないよう，宿泊事業者は相応の対応を行い，そのためのコストを支払っている。また，地域色を出したいホテルや旅館は，地域の木材等の素材や伝統的な技術を積極的に施設に取り入れ，生花等で空間を演出したり，食器等も料理にあわせて取り揃えたりしている。

　民泊については，登録代行，清掃，住宅のリノベーションなどの周辺サービスが出現しているものの，旅館業法上の宿泊施設よりも他産業への波及は弱く，観光振興による地域経済活性化に課されている稼ぐ力の向上にはあまり貢献しないものと考えられる。民泊に起因する経済の実態解明は今後の課題であるが，低価格の民泊と競合するゲストハウスやペンション等の簡易宿所やビジネスホテルの一部に業績不振がみられることは事実である。

　なお，旅行者のニーズが地域の生活文化を体験したり，地域の人々との交流を重要視する方向にシフトしていくことによって，これまで，観光資源が立地する特定のエリアで観光客を受け入れてきた状況が変化し，街中のどこでも観光客をみるようになってくる。

　すなわち，交通，宿泊，旅行業，飲食やお土産物店等の観光関連ビジネスに従事する人々との接点が主であった観光客を，観光ビジネスとは特に関係のない人々を含めて街全体で受け入れるということになる。こうなると，生活に入

り込む民泊が騒音，不適切なごみ出し，不審者利用等の近隣住民との摩擦を生じさせることとなる。

京都市は 2016 年 6 月から「民泊通報・相談窓口」を整備しており，2017 年6 月末までの受付件数（累計 2,254 件）の内訳は，通報が 1,442 件，開業相談が251 件，その他意見等が 561 件である。

通報の主な内容は，民泊利用者の騒ぐ声や夜にキャリーバッグを引く音等の騒音，マンションのオートロック機能が民泊利用者に解放されていることへの不安，ごみの分別が守られていないこと，タバコのポイ捨て等による火災の心配であり，治安維持の強化が市当局への意見として多くなっている。

民泊新法は，民泊によって生活環境が悪化する区域は，条例で実施期間（上限 180 日間）を制限することができると定めており，政省令やガイドラインによる規定を踏まえて，自治体毎にルールづくりが進められている。

国土交通省は，分譲マンションにおける民泊をめぐるトラブル防止のため，住宅宿泊事業を許容するか否かを管理規約に明記することが望ましいとし，2017 年 8 月にマンション標準管理規約を改正し，住宅宿泊事業を可能とする場合と禁止する場合の双方の規定例を示した。

旅行者と住民の共生のためのルール整備が進んでいるが，不適切な民泊利用者によって引き起こされる問題を解決するコストや心理的負担は結局住民が負うことになるのが実態であろう。また，木造建築が多いわが国の特徴を考えると，火の扱いや調理の習慣の違いから火災の恐れがあることは否めない。また，現在民泊を実施している家主や管理者の中には納税義務を果たしていない事業主が多く，納税負担における不公平も生じている。

③　民泊を起点としたサービスの多様化

民泊を仲介するプラットフォーマー達は，宿泊サービスの仲介にとどまらず，旅行者のニーズに合わせて，旅行者が自宅を出発してから帰宅するまでの全行程をビジネスチャンスとするサービス展開の準備を進め順次実施している。

Airbnb 社は，旅行先でのアクティビティ，飲食などの予約，旅程表などの機能などを追加したトリップ（Trips），宿泊先の家主や現地の情報通などによるおすすめ情報を集約したスポット（Places）というサービスを提供している。また，豪州のカンタス航空や LCC のジェットスター，インドの民間航空会社ジェットエアウェイズ等との業務提携を発表しており，航空分野との連携を重要視していることがうかがえる。

旅行は，一般に，アゴ（食事），アシ（交通），マクラ（宿泊），アクティビティの要素から構成されるが，その中でも，宿泊は旅程の要であり，民泊を仲介するプラットフォーマーは民泊利用者に対して宿泊地に滞在中のアクティビティについて魅力的な提案をすることができる。

民泊を仲介するプラットフォーマーが，宿泊場所の確保だけでなく，旅程づくりの支援，航空券等の交通機関や飲食の予約，現地でのアクティビティの提案までのサービスを整えることになると，今度は旅行業法と整合させる必要が生じてくるが，旅行者にとって一つのサイトで全てが完結する利便性は高く，また，民泊を好む旅行者のニーズと親和性のあるコンテンツが提供されることは魅力的であろう。

Airbnb 社が提供する滞在中の体験予約は，民泊の料金と同様に事前にオンライン決済ができ，現地に現金を持参する等の手間を省くことができるようになっている。

(2) ソフトパワーの向上，交流促進への影響

外国人旅行者が，日本や訪問先の地域に対して好感情を持って理解してくれるようになるためには，地域の人々との交流が重要である。観光目的の外国人旅行者が接点を持つ日本人は，入国審査官を初めとして，交通，宿泊，飲食，観光・レジャー施設等で仕事をしている人々と，訪問地の住民達である。前者は職業としての守備範囲があり，プロ意識を持ってお客様である旅行者に接す

るが，後者は対等な立場で旅行者を日常生活の中で迎え入れることができる。旅行者の満足度を高めるためには，前者の人々からレベルの高いサービスが提供されることと，地域住民からあたたかく迎えられることの両方が必要である。旅館やホテルは前者，民泊は後者の役割と位置付けられる。

　Airbnb 社は，東京を含む世界の 12 都市で約 500 のオリジナルな体験プログラムを提供しているが，これらの体験は旅行会社等がつくるものとは異なり，たとえばホストである盆栽のアーティストがゲストを含む外国人旅行者に盆栽の初歩を手解きする体験のように家主の世界観を伝えるようなものがあり，ゲストはホストを通じて日本についての関心や理解を深めていくことができる。また，ゲストへのもてなしを近隣住民とともに楽しんでいるホストもおり，茶道や三味線等の住民が嗜んでいる趣味を持ち寄って，生活の中に根付いている日本文化を体験してもらう機会ともなっている。

　こうした事例は，安価なホテル代わりに利用される民泊と，家主がホストとして利用者と積極的に交流する民泊とで，利用者が得られる経験とその成果としての日本への好感や理解において大きな差が生じる可能性を示している。家主が上手に介在して民泊利用者を受け入れる家主同居型の民泊サービスが充実するとき，草の根レベルの国際交流が実態を持っていくことが期待される。

6. 今後について

(1) 交流促進型の民泊をまず推進

　民泊は，観光振興による地域経済活性化への貢献度合いはさほど大きくなく，また，ルールの遵守状況によっては社会的コストが拡大する懸念があるが，ミレニアル世代等の新しい客層を開拓し，旅行者が享受できるサービスが多様化

するというメリットがある。一方，経済活性化と並んで観光振興のもう一つの意義であるソフトパワーの向上に関しては，家主と近隣住民の受け入れ方次第では，民泊は旅行者と住民の交流を拡げる役割を果たす。

こうしたことから，筆者は，近隣住民の了解と協力を得た家主のもとで旅行者と住民が交流できるような民泊を促進することが第一段階として重要だと考える。

民泊新法が規定する家主不在型は，住宅宿泊管理業者に家主と同等の責任を負わせることになる。住宅宿泊管理業者が，近隣住民が納得するレベルの管理を行った上で，旅行者と住民との交流機会をアレンジする可能性はあるが，交流機会の設定にはコストを要することから，ここまでの取組みは考え難い。

単に空き家・部屋を活用して収益性を上げたいからといった理由だけで，安価なホテル代わりの家主不在型の宿が住宅地に増えていくことによって住民との摩擦や住宅地としてのブランドイメージの低下という社会的コストが生じ，あるいは，不審者の潜伏や公衆衛生上の問題が発生することは好ましくないと考える。観光振興の収支は，影響を被る範囲全体を考慮して判断する必要がある。

(2) 宿泊産業に関する戦略

新しい宿泊形態である民泊の勢いに歯止めをかけることは不可能である。観光振興を地域活性化の柱にしようとする自治体は，民泊新法によって示された枠組みを踏まえ，どのような宿泊サービスが自地域にとって望ましいのかを検討し，宿泊産業に関するビジョンと戦略に位置付けて対応する必要がある。

プロモーションやシティセールスで自分たちの強みを売り込むような施策のみが観光振興策であると考えている自治体は多いが，どんな観光地域をつくり上げて行くのかを明確にした上で，国際動向をにらみながら，地域の受入れ体制を整備していくことの重要性を民泊問題は指し示しているように思われる。

　観光振興の方針を定め，望ましい宿泊サービスを実現していくための戦略を構築し，その中に民泊への対策を位置付け，体系的な民泊ルールを実践しようとしている京都市の取組みは先進事例として学ぶべき点が多い。

　民泊は，日本に急にやって来た黒船のような印象を持たれている。しかし，本当にそうだろうか。2008 年に誕生し急成長した Airbnb 社は，日本が民泊に気づいた段階で，すでに，米国連邦政府，ニューヨーク市，パリ市等との摩擦を抱えていた。観光ビジネスの国際動向をいち早く読み解く力が，観光の研究者，宿泊業界，行政に不足していたのではないかと自省を込めて考えている。

　世界の多くの国・地域がインバウンド観光振興に真剣に取り組み，国境を軽々と超える ICT 技術に長けたチャレンジングな事業者達が活躍する中で，産学官による情報共有や議論が観光政策の土台として大変に重要であることも，民泊問題によって痛感させられた次第である。

　しかし，わが国の民泊への取組みはまだ始まったばかりである。新法の施行 3 年後に行われる見直しに向けて，産学官による客観的な分析を蓄積していく必要がある。そして，その分析を通じた改善の方向は，観光立国のビジョン「住んでよし，訪れてよしの国づくり」なのだと考える。

〈参考文献〉

株式会社百戦錬磨「歴史的資源の宿泊活用のための課題と政策提言」，歴史的資源を
　活用した観光まちづくりタスクフォース（議長 内閣官房長官）第2回（2016年10
　月18日）提出資料
Airbnb Japan『Airbnb で叶えるユニークな暮らし』株式会社ネコ・パブリッシン
　グ，2017年
日本政府観光局北京事務所長「中国市場」『第18回 JNTO インバウンド旅行振興フ
　ォーラム』，pp.15-32，2017年9月
矢ケ崎紀子「観光の視点から見た民泊の現状，課題，展望」『IATSS Review』Vol.42,
　No.1，国際交通安全学会，pp.38-47，2017年6月
矢ケ崎紀子「インバウンド観光の進展と地方圏の可能性」『地域開発』一般財団法人
　日本地域開発センター，pp.23-27，2017年8月
矢ケ崎紀子『インバウンド観光入門—世界が訪れたくなる日本をつくるための政策・
　ビジネス・地域の取組み』晃洋書房，2017年
野澤千絵『老いる家　崩れる街』講談社現代新書，2016年

旅館業法と民泊

中央大学大学院 法務研究科 教授

安 念 潤 司

1. 問題の所在

「民泊」という言葉は，意外に古い時期から使われてきた。たとえば，1961年 10 月 15 日の朝日新聞の天声人語には，同年に秋田県で開催された国民体育大会で民泊の評判がすこぶる良かったと書かれている。1 万 6 千人余の選手役員を宿泊させるだけの施設がないので，県下 1,223 軒の民家に約 7 千人が分宿したのだという。また，国体の民泊制度はこれより先，1958 年の富山に始まり，60 年の熊本でも実施されたそうである。

ホテル・旅館などの宿泊能力の不足を補うため，民家に客を宿泊させることが民泊だとすれば，今日の用語法と変わりがない。しかし，やはり 1960 年代に出現した「民宿」が広く普及し，宿泊サービスの一業態として地位を確立したのと比べると，民泊はその後長く，なりを潜めてきた。

民泊がブーム化し，関連する法律問題をめぐる議論が喧しくなったのは，ようやくここ数年の現象である。その際，民泊を久しく逼塞させてきた元凶として，法令による規制が挙げられることがままある。

そこで本章では，民泊について，法令上どのような規制がなされているのか

（2.），規制がいかなる根拠によって正当化されるのか（**3.**），それが実効的であり得たとすればその条件は何であり，それがどう変化したか（**4.**），そうした変化に対応して，開業を容易にするいかなる立法措置が講ぜられたか（**5.**），を概観する。

2. 旅館業に関する規制の内容

(1) 規制の概要

　宿泊サービスを規制する法令の中で最も重要なのが旅館業法であることは，いうまでもない。同法は，1948 年 7 月 12 日に公布され（昭和 23 年法律第 138 号），1957 年に「旅館業法の一部を改正する法律」（昭和 32 年法律第 176 号）によって重要な改正がなされたが，その後は，規制の骨格に大きな変化は見られない。まずは，その概要を示そう（参照：厚生労働省「旅館業法概要」〈http://www.mhlw.go.jp/bunya/kenkou/seikatsu-eisei04/03.html〉）。

① 営業類型

　　旅館業は，ホテル営業，旅館営業，簡易宿所営業，下宿営業の 4 つの類型に分けられる（2 条 1 項〜5 項）。ほとんど実例のない下宿営業を除くと，それぞれの定義は，**表 1** に示す通りである。

② 参　入

　　旅館業を営もうとする者は，都道府県知事（保健所を設置する市・特別区の場合には，その市長・区長。以下，同じ）から，上記 4 つの営業形態のいずれかについて許可を受けなければならない（3 条 1 項）。

　　都道府県知事は，宿泊施設の構造設備が政令で定める基準に適合しないと認めるなどのときは，許可を与えないことができる（同条 2 項）。

表 1　旅館業の施設の構造設備に関する規制（2016 年 3 月末）

	ホテル営業	旅館営業	簡易宿所営業
定　義 （法 2 条 2 項 〜 5 項）	洋式の構造・設備を主とする施設を設け，宿泊料を受けて，人を宿泊させる営業	和式の構造・設備を主とする施設を設け，宿泊料を受けて，人を宿泊させる営業	宿泊する場所を多数人で共用する構造・設備を主とする施設を設け，宿泊料を受けて，人を宿泊させる営業
名　簿	備付け義務あり	同　左	同　左
客室数	10 室以上	5 室以上	規制なし
客室面積	9㎡以上／室	7㎡以上／室	33㎡以上（延床面積）
玄関帳場	設置義務あり	同　左	同　左 （根拠は管理要領）
換気等	換気・採光・照明・防湿・排水の設備の設置義務あり	同　左	同　左
入浴設備	適当な数の洋式浴室・シャワー室の設置義務あり	近隣に公衆浴場がある場合等を除き，適当な規模の入浴設備の設置義務あり	同　左
その他	条例で定める構造設備の基準に適合すること	同　左	同　左

（厚生労働省資料《https://www.mlit.go.jp/common/001111877.pdf》より作成）

③　営　業

　　営業者は，営業施設について，換気，採光，照明，防湿，清潔その他宿泊者の衛生に必要な措置を講じなければならない（4 条 1 項）。

　　営業者は，一定の場合以外宿泊を拒んではならず（5 条 1 号），宿泊者名簿を備えなければならない（6 条 1 項）。

④　監督権限

　　都道府県知事には，報告徴求，立入り検査（7 条 1 項），構造設備の基準への適合性を維持させるための命令の発出（7 条の 2），許可の取消し，営業の停止（8 条），等の権限が与えられる。

なお同法には，退出に関する特別の定めは，制定から今日に至るまで存在し

ない。

　民泊との関連を念頭に置きつつ，以上の規制について若干の注釈を加えておく。

　第一に，簡易宿所営業が旅館業のサブ・カテゴリーに追加されたのは，上記の 1957 年改正によってである。簡易宿所の原型は，大部屋で雑魚寝という形態をとる「木賃宿」であるが，それに限らず，複数人が宿泊できる個室を設けてもよい。

　第二に，上記②のように，許可要件の中核ともいうべき構造設備の基準は，政令たる旅館業法施行令（昭和 32 年政令第 152 号）で定められる。同令では，4 つの営業類型について，各別に基準が定められたが（1 条），1970 年に同令が改正されて（昭和 45 年政令第 213 号），ホテル営業・旅館営業について玄関帳場の設置が義務づけられたことを除けば，以後 60 年にわたって大枠では変化がなく，その概要は，表 1 の「名簿」以下の各欄に示す通りであった。

　第三に，以上の結果，ホテル営業・旅館営業の客室数・客室面積の要件を満たせない営業であっても，簡易宿所営業として許可される途が拓かれ，実際にも，簡易宿泊所，ユース・ホステル，キャンプ地のバンガロー，民宿，ペンション，カプセル・ホテルなど，さまざまな業態が展開されることとなった。

　第四に，当然のことながら，旅館業に関する規制は，旅館業法本体だけで完結しているわけではなく，具体的事項の多くが下位法令に委任されている。上記の同法施行令のほか，都道府県の条例（保健所を設置する市・特別区の場合は，その市・特別区の条例。以下，同じ）の役割も無視できない。

　旅館業法・同法施行令が条例に委任している中には，たとえば次のような重要な事項に関する定めが含まれているからである。

　(i) その周囲約 100m の範囲では旅館の開設が許されないことがある社会教育施設（同法 3 条 3 項 3 号）

　(ii) 同法施行令で定めるもの以外の構造設備の基準（ホテル営業について同

令1条1項11号，旅館営業について同条2項10号，簡易宿所営業について同
条3項7号）

(iii) 営業者が営業施設について講ずべき衛生に必要な措置の基準（同法4条
2項）

第五に，日本の業法の世界ではありがちなことであるが，旅館業の規制にあ
っても，法律・政令といった正規の法令の系統とは別に，建前としては法的拘
束力をもたない行政指導の類が，現実には大きな力を発揮してきた。

もともと厚生省生活衛生局長名で発出された「旅館業における衛生等管理要
領」（平成12年12月5日生衛発1811号。以下，単に「管理要領」と呼ぶ）は，そ
の最も重要な例であり，ここで，旅館業の営業類型ごとに，施設設備の基準が
事細かに規定されている。たとえば，ホテル営業・旅館営業の場合，大便所は，
おおむね幅員0.9m，奥行き1.2m以上が望ましいとされていた（2017年12月改
正前の管理要領Ⅱ，第1，20，(4)）。また，旅館業法施行令に根拠がないのに，
簡易宿所営業にも玄関帳場の設置を求めていた（2016年3月改正前の管理要領Ⅱ，
第2，3）。

以上の結果，2016年3月末の時点では，下宿営業を除く3営業類型ごとの
規制は，**表1**のようになっていた。

付言すると，旅館業に関する規制は，上記の，旅館業法およびその下位法令
によるそれだけで完結しているわけではない。建築物の構造・性能については
建築基準法が，消防上の諸措置については消防法が，立地については建築基準
法および風営法（風俗営業等の規制及び業務の適正化等に関する法律）が，それ
ぞれ規制している。また，飲食物を提供する場合には，食品衛生法の規制を受
ける。

なお，旅館業法施行令の客室数・客室面積の要件が適用されない「農家民宿」
や，開業に当たって同法の許可を要しない「特区民泊」の制度があり，民泊へ
の参入を容易にする立法措置として重要であるが，煩瑣にわたるため，その内

容の詳細には立ち入らない。

(2) 民泊と許可制

　ここまで説明してようやく前提条件が整ったので，話を本筋に戻そう。

　1961 年の秋田国体時の民泊は，旅館業法上の許可を要しなかったのであろうか。実際に許可の要否をめぐって地元でどのような議論がなされたのか，残念ながら詳らかにできなかったが，結論からいえば，許可を要しなかったと思われる。**表 1** の「定義」の欄に示しておいたように，許可を要するのは，旅館業の全営業類型を通じて，「宿泊料を受けて，人を宿泊させる営業」である（この点は，**表 1** に掲げなかった下宿営業も同じ）。分解すれば，

　①　宿泊料を受ける

　②　人を宿泊させる

　③　営業である

という 3 つの要素が揃ってはじめて同法の規制対象となる。

　まず①についていえば，無料であっても，不特定多数の宿泊者が行き交う施設であれば，伝染性の感染症の蔓延や風紀の壊乱などの外部不経済を生ずるリスクはあるが，無料サービスが大規模かつ継続的になされる可能性はほとんどなく，したがってこの種のリスクも無視できるほどに小さいから，有料の営業だけを規制の対象としていると考えられる。しかし，秋田民泊は有料であった。先に紹介した天声人語は，「3 食つき 1 泊 647 円だが，中流以上の家が多く，費用を惜しまず手厚いもてなしをしたようだ」，と書いている。

　ただ，宿泊を伴うサービスが有料であっても，宿泊の対価を徴収するものでなければ「宿泊料を受ける」ことにはならない。たとえば，有料の体験民宿イベントであっても，その料金がもっぱら体験の受講料・指導料などであって宿泊それ自体の対価でない場合には，旅館業法の規制対象ではない。しかし，上記の 647 円の料金は，宿泊の対価であったと考えられるから，秋田国体の民泊

には①の要素が備わっていたといえよう。

次に②についていえば，「人を宿泊させる」とは，「寝具を使用して」当該施設を利用することをいう（同法2条6項）。実態を詳らかにすることはできないが，秋田国体の民泊が「寝具を使用」せずに寝泊りさせたとは想像しにくいから，「人を宿泊させ」たのであろう。してみれば，②の要素の存在も認められる。

最後に③についていえば，ここで「営業」とは，社会性をもって継続反復されているものを指し，「社会性をもって」とは，社会通念上，個人生活上の行為として行われる範囲を超える行為であることを意味する。秋田国体の民泊にあっては，特定の期間に限って特定の選手役員を宿泊させただけであるから，ここにいう「社会性」が欠け，したがって許可を要しなかったと考えられる。最近でも，大規模なイベントの期間だけ，宿泊施設の不足を補うために実施されるいわゆる「イベント民泊」には，旅館業法上の許可を要しないと解されている。

他方，住宅の空き部屋を利用して民泊を行おうとする場合であっても，上記の①～③の要素を備えていれば旅館業に当たるから，4つの営業類型のいずれかの許可を得なければならない。ホテル営業・旅館営業に求められる最低客室数の要件を満たせるケースは多くないと思われるので，その場合には，簡易宿所営業の許可を取得するしかない。そこで，その規制のありようがそのまま民泊ビジネスへの参入障壁になる，と意識されてきたのである。

もっとも，表1に掲げた簡易宿所営業の規制のうち，民泊開業の主な障壁となっていたのは，(i)延床面積，(ii)玄関帳場の2点であったが，これらについては，2016年4月以降，規制が緩和され，(i)については旅館業法施行令の改正（平成28年政令第98号）により，収容人員10人未満の施設では，1人当たり3.3㎡が確保されればよいこととなり，(ii)については管理要領の改正により，玄関帳場を設けなくてもよいこととされた。これによって，旅館業法（およびその下位法令）による規制は，国のレベルで見る限り，民泊開業の大きなネックでは

なくなったといえよう。しかし，上記(1)で見たように，同法および同法施行令が重要な事項，ことに構造設備の基準について自治体に独自の規制を行う余地を与えているため，たとえば，簡易宿所営業にも条例によって玄関帳場の設置を義務づける自治体があり，民泊が旅館業法の体系の支配下に止まる限り，容易ならざる参入障壁が残ることが改めて意識されたのである。

3. 規制の根拠

ここで目を転じて，なぜ旅館業が規制される必要があるのか，を考えてみよう。国会や新聞紙上では，その時々にさまざまな議論がなされてきたとしか言いようがないが，ミクロ経済学による標準的な答えを求めれば，市場に委ねただけではいわゆる市場の失敗が生ずるので，当局が介入して是正する必要がある，というものであろう。では，具体的にどのような市場の失敗が生じ，それに対して，旅館業法はじめ関係法令は，どのように対処しているのであろうか。

第一は，情報の非対称である。これはたいていの財について多かれ少なかれ生ずる現象であるが，消費者は，提供される財の品質について供給者ほど情報を有していないために，質の悪い商品・サービスであるにもかかわらず高い対価を「ぼられる」可能性がある。もちろん，質の高低についての情報が自由に流通することによって，市場の中で自ずから適切な値付けがなされることが望ましいが，現実は注文通りには進まないので，最低限度の質の水準を法令によって設定し，それを満たさない事業者の参入を排除しなければならない。

第二は，外部不経済である。旅館には，不特定多数の客が宿泊するため，宿泊サービスの取引関係の当事者以外の第三者にさまざまな不利益をもたらす可能性がある。

まず，伝染性の感染症の伝播が懸念される。被感染者が宿泊したために，同

宿の客や従業員さらには近隣の住民が感染したり，感染した同宿者を通じて家族その他の者が感染するなどの事態は，外部不経済の例と見られよう。「宿泊しようとする者が伝染性の疾病にかかっていると明らかに認められるとき。」には，宿泊を拒否できるとする旅館業法5条1号の規定は，こうした懸念に応えている。

　次に，旅館の施設は，宿泊客にとっては他人の資産であり，また酔余就寝することもままあるため，自宅にいる場合と比べて防火意識が希薄になる可能性があるので，火災に備える必要がある。詳細にわたる説明は省くが，建築基準法では，集合住宅よりも若干厳しい規制が課せられているし，消防法では，自動火災報知機，誘導灯などの設置や防火管理者の選任などが義務づけられている。

　さらに，日本の旅館業の場合，風紀の問題が強く意識されてきた。旅館業法自体も，制定当初から，「とばく，その他の違法行為又は風紀を乱す行為をする虞がある」者に対しては宿泊を拒める旨を規定していたが（5条2号），さらに1957年改正で，学校の周囲概ね100mの範囲内での開設の申請に対しては不許可処分をなし得ることとし，その後の改正で，対象施設の範囲を，学校から児童福祉施設・社会教育施設へと拡大した（3条3項）。

　なかでもラブホテルは，風営法にいう「店舗型性風俗特殊営業」の一つ（2条6項4号）とされており，同法の委任に基づいて，都道府県の条例で開設場所などが規制されている。「悪所」を一定の地理的範囲に囲い込むという，江戸時代以来の手法で外部不経済を封じ込めてきたのである。

　加えて，ホテル・旅館は，建築基準法上の用途地域のうち，「住居専用」と名の付いた用途地域（第一種低層住居専用地域，第二種低層住居専用地域，第一種中高層住居専用地域，第二種中高層住居専用地域）には建築できず，またそれ以外の用途地域でも，第一種住居地域では，床面積3,000㎡以下のものしか建築が認められない。この種の立地規制は，騒音とか風紀壊乱といった具体的な外部不経済の発生を防止するものでもあるが，それだけではなく，住宅とは異な

る用途をもった建築物が混入してくると，住宅地としての環境や雰囲気を損うという，やや抽象的な外部不経済を念頭に置いてなされていると考えられる。

4. 規制の評価

(1) 規制の実効性

ミクロ経済学の教科書では，市場の失敗のうち外部不経済については，コースの定理が成立する場合には，当事者間の交渉だけで最適な資源配分が実現されるので政府が規制する必要はない，と説かれる。しかし，取引費用がないこと，外部不経済の原因者と被害者との権利の範囲が事前に確定していること，というコースの定理の前提条件は，現実には満たされそうにないので，旅館業を政府が規制すること自体は正当化されよう。

もちろん，旅館業法はじめ関連法令が実際に採用してきた規制のありようが，市場の失敗を是正するという目的に照らして適切で賢明な措置であったか否かは，別問題であるが，致命的な失敗であったという指摘も聞かれないところを見ると，一応の成功を収めてきたと思われる。

これらの規制が実効的であり得たとすれば，それは，主として次の二つの条件が一応満たされてきたからであろう。

第一に，規制が，営業者にも宿泊客にも利益を実感できるものであった。旅館法の規制目的は，上記 3. で述べたように，何よりも宿泊施設の衛生を保持することにある。日本人が過剰なまでに清潔好きとなった今日では，衛生的な宿でなければ到底客を呼び寄せることはできないのだから，もはや当局が規制するまでもない，と考える向きもあろうが，それはあくまでも最近の現象である。少なくとも戦後 20 年ほどの間，日本はまだまだ途上国に近く，旅館でも，

不衛生な寝具が使い回されたり，修学旅行生が食中毒にやられたりしていた。衛生の最低基準を公権力によって遵守させることに十分な理由があったといえよう。また，こうした規制は，もちろん営業者に相応のコンプライアンス・コストを課す結果となったが，少数の不心得な営業者によって業界全体の評判が落ちるよりはましであり，その意味で営業者にとっても利益となったのである。

　第二に，規制当局にとって監視が可能であった。誰もが身一つで参入できるようなビジネスは，実効的に規制することが難しい。たとえば，占い，ベビー・シッティング，家庭教師，人生相談などのビジネスは，まかり間違えば人の一生を左右しかねないが，誰がどこで営業しているのかを探索するのが難しいので，当局が規制しようにも大変に困難である（ただし，ベビー・シッティングは届出制）。

　これに対して旅館業は，規制対象を比較的に把握しやすい。在来の旅館業については，固定費負担が大きく，また損益分岐点も高いこと，他方，変動費は比較的に小さいこと，したがって，損益分岐点を超える売上げを上げれば，あとは相当に儲かることが期待できる「ハイリスク・ハイリターン」型の業態であること，が決まって指摘されてきた。そこで，売上げ増を目指して，客単価を上げること，回転率を高めること（ラブホテルのビジネスモデルは，まさにこれ）などが考えられるものの，しかし，何をさておいてもできるだけ多くの宿泊客を呼び込まなければならない。そしてそのためには，多くの客室を用意しなければならず，そうとなればある程度の規模の建物を保有する以外にはない。旅館業は「ハコモノ」産業であることを運命づけられていたのであり，そうであるからこそ，参入は自ずから限られ，誰がどこで営業しているのかも可視化されて，当局の監視コストを低減させたのである。

(2)　規制の根拠の変化

　上記の二つの条件が変化すれば，規制のありようも再検討しなければならな

いことになる。そして，変化は確かに生じた。

　第一に，旅館業法・同法施行令が定める営業類型の区分，最低客室数の規制などは，いかなる意味で市場の失敗の是正に貢献しているのかが明らかでなくなっているし，また，上記2.(1)で見たように，規制の細目の多くを条例に委ねているために，東京23区の間でさえ，たとえば，簡易宿所営業について玄関帳場の設置を義務づける区もあればそうでない区もあるように，自治体ごとにばらつきがあるが，これにも積極的な意味は見出し難い。もっとも，こうした批判は国の規制当局も認識しており，2017年12月に，「旅館業法の一部を改正する法律」（平成29年法律第84号。施行日は，2018年6月15日）が成立し，従前のホテル営業・旅館営業の別が撤廃されて「旅館・ホテル営業」に一本化され，またこの改正法を受けて「旅館業法の一部を改正する法律の施行に伴う関係政令の整備に関する政令」（平成30年政令第21号。施行日は，同じく2018年6月15日）が制定されて，最低客室数の規制などが廃止あるいは緩和された。

　第二に，市場の失敗を部分的にもせよ解消するようなビジネスモデル・技術革新がもたらされた。当局による規制を正当化する理由の一つであった情報の非対称が，営業者・宿泊客が双方向で評価することによって，ある程度解消できるようになったのは，その一例である。

　第三に，この点こそが，最近の民泊を巡る議論の原因となったのであるが，新規参入が劇的に容易になった。自宅あるいは別荘などの空き部屋を使って有償で他人を宿泊させたいと考える者は，以前から少なからずいたであろう。しかし，それが一つの業態と呼べるほどに広がらなかったのは，下宿・間貸しのような長期契約ならばともかく，短期の利用客を連続して確保すること，すなわち需要と供給とのマッチングに，期待収益に比して禁止的なコストがかかると見込まれたからであろう。客を呼び込むためには，何よりもまず自分が宿泊ビジネスをしていることを世に知らせる必要があるが，それには相当規模の建

物を建て，でかでかと看板を掲げて可視化するか，広告宣伝を行う以外にはない。旅館業の固定費負担の高さは上記の通りであるが，広告宣伝費も固定費であり，その回収を考えれば，やはりある程度の規模の「ハコモノ」が必要だったのである。いかに規制を緩和しても，乗り越え難い障壁が存在していたことになる。

　ところが，昨今のインターネットの発達によって，マッチングのコストが劇的に削減され，住宅の空き部屋に宿泊客を誘致することが十分可能になった（宮﨑康二『シェアリング・エコノミー』第 1 章，塩谷さやか「シェアリング・エコノミー」日本国際観光学会論文集 24 号）。一方，民泊である以上，従業員を雇ったり，部屋の改装をする必要は必ずしもない。これによって，従来と比べて固定費の負担が著しく軽減され，素人がほとんど身一つで参入できるようになったのである。

5. 規制の改革と展望

　固定費負担の軽減によって素人でも参入できるようになった実情を前にして，規制はいかにあるべきか。監視の目が行き届きにくくなることを恐れて，従前の「ハコモノ」を前提とした規制を維持し民泊の入り口を厳しく制限することも，一つの選択肢ではあろう。しかし，憲法 22 条 1 項が職業選択の自由を保障している以上，新規参入を阻むことは人権問題であるし，ミクロ経済学の立場からすれば，参入規制は消費者の厚生に損失を生じさせて資源配分を非効率にする。また，これらの規範主義的な観点をしばらく措くとしても，需要がある限り，一旦技術的に可能となったビジネスの普及を公権力で阻止しようとしても限界がある。要するに結局は，認めざるを得ないのである。

　しかし，民泊にも市場の失敗は残る。情報の非対称についていえば，確かに，

営業者と宿泊客との間に立場の互換性がないことを前提とした従来型の規制が，互換性が容易に成り立つ民泊市場にも必要か，が問われなければならないが，それにしても，たとえば，浴槽の湯の中にサルモネラ菌が繁殖していないかどうかとなれば，宿泊客にはやはり知る術はない。また，外部不経済についていえば，騒音やごみ出しをめぐって近隣住民から苦情が絶えないことは周知のとおりであって，こればかりは政府の介入なしに解決は難しかろう。

2017年6月16日に公布された住宅宿泊事業法（平成29年法律第65号。施行日は2018年6月15日。同法の内容については多くの解説が公にされているが，一例として佐伯優仁＝小中諒「住宅宿泊事業法について」ARES不動産証券化ジャーナル38号）は，都道府県知事へ届出をした者は，旅館業法3条1項の規定にかかわらず，住宅宿泊事業を営めることとして，民泊をついに同法の体系の支配から離脱せしめたのであるが，住宅宿泊事業者——要するに，上記の届出をした住宅オーナーのことである（同法3条1項，2条4項）——に対して，次のような義務を課しているのは，こうした，技術革新によっても克服の困難な市場の失敗に対処することを目的としていると考えられよう。

・清掃など，宿泊者の衛生の確保（5条）

・非常用照明器具の設置など，宿泊者の安全の確保（6条）

・宿泊者名簿の備付け（8条）

・周辺地域の生活環境への悪影響の防止に関し必要な事項の宿泊者への説明（9条）

・周辺住民からの苦情への対応（10条）

また，別荘・セカンドハウスなどを民泊に供する例が典型であるが，オーナーが現地に不在の場合などには，部屋の管理の業務を住宅宿泊管理業者に委託しなければならないこととなっている（11条）。

さて，これらの規制が是正しようとしている市場の失敗，ことに，伝染性の感染症の蔓延，騒音・不適正なごみ出しなどの外部不経済は，コストをかけれ

ば防止できる性質のものである。しかし，上記 **3.** で述べたように，住宅地にホテル・旅館が存在していることが外部不経済をもたらすとすれば，それはその存在自体に由来するものであるから，コストをかけたところで解消・軽減できるものではない。繰り返しになるが，2016 年 4 月の時点で，旅館業法（およびその下位法令）上，民泊開業の障壁はかなり解消されており，むしろネックは，用途地域としての住居専用地域におけるホテル・旅館の建築を禁止している建築基準法の立地規制であった。そこで，住居専用地域での民泊を認めようとすれば，対応策は，次の二つしかない。

① 住居専用地域でも，建蔽率・容積率，高さ制限など他の条件を満たせば，ホテル・旅館の建築をも認めるという，いわば正面突破策をとる。

② 現行の立地規制を維持したまま，民泊の用に供しても当該建築物がなお住宅たる性質を失わない，と説明できるような工夫をする。

立法で選択されたのは，いうまでもなく②であった。しかし，住宅とホテル・旅館とが，ハコモノの規模，態様，構造，設備などの物理的特性で区別することができなくなれば，両者の間に境界線を引くことは思いの外の難事となる。常識で考えれば，住宅宿泊事業のありように所要の規制を加えて「住宅性」の説明とせざるを得ないであろう。実際，住宅宿泊事業法は，外部不経済を防止するための上記の諸規制のほかに，次のような制限を設けた。

・現に住宅の用に供されている建築物でなければ，住宅宿泊事業に用いることができない（2 条 1 項，3 項）。

・宿泊させる日数は，年間 180 日を超えることができない（同条 3 項）。

・都道府県は，条例によって，区域を定めて住宅宿泊事業を実施する期間を制限することができる（18 条）。

これらの制限のなかでも，宿泊日数の上限規制が重要であるが，これさえあれば「住宅性」を維持できるとはいえないし，逆に，これがなければただちに「住宅性」を失うともいえない。いわゆる特区民泊で，滞在期間の下限を設ける，

近隣トラブルへの対応や，地域住民への事前説明を義務づける，といった措置がとられているように，住宅宿泊事業法でも，複数の規制の「併せ技」によって，「届出住宅」（住宅宿泊事業の届出に係る住宅をこう呼ぶ。2条5項）もなお，住宅であると観念されるのである。

　さて，今回制定された住宅宿泊事業法に対しては，当然予想されたことながら，その規制内容が緩すぎるという批判も，厳しすぎるという批判もなされている。一方の批判だけが正しいともいえず，あり得べき不備には，「改むるに憚ること勿れ」の精神で臨むしかない。急速な技術革新に背中を押されてできた法律である以上，はじめから完璧を求められても，人間業では無理な注文である。

　ここでは一点だけ，あまり触れられていない独占の問題を指摘するに止める。インターネットの発達によって民泊のマッチングのコストが劇的に下がったことは，つねに指摘されるが，しかし実際のところ，個人がホームページを開設したところで，客をつかむのはやはり難しい。マッチングのためのプラットフォームが開設され，それが広く世に認知されてはじめて，民泊はビジネスとして可能になるのである。こうしたプラットフォームの開設自体は，技術的にそれほど難事ではないから，ビジネスとして成功しようと思えば，一にも二にも独占的地位を確立しなければならない。しかもこの種のプラットフォームには，顕著なネットワーク外部性があるから，ひとたび競争者に先行を許すと挽回は極めて難しい。そこで，プラットフォームのプロバイダ（住宅宿泊事業法2条10項で定義される「住宅宿泊仲介業者」。要するに Airbnb の類である）としてはひたすら投資に励まざるを得ず，末端の民泊それ自体とは違って，意外にも固定費負担の大きい業態となり，ここに独占の素地が萌す。これはもちろん，民泊に限らずいわゆる「シェアリング・エコノミー」一般に通ずる問題であるが，いずれにせよ，世に良いこと尽くめはないものだと痛感させられる次第である。

住宅宿泊仲介業の
法的位置づけ

弁護士
小 澤 英 明

1. はじめに

　いわゆる民泊について規定した住宅宿泊事業法が平成 29 年 6 月に制定され
た（平成 30 年 6 月 15 日施行）。

　本章では，同法で定める住宅宿泊仲介業の法的位置づけについて考え方を整
理することにしたい。すなわち，住宅宿泊仲介業と旅行業との関係，同法にお
ける外国会社である住宅宿泊仲介業者の位置づけ，住宅宿泊仲介業者の説明責
任の三点について検討する。

2. 住宅宿泊仲介業と旅行業

(1) 旅行業者と旅行業法

　旅行業法では，旅行業者として登録されれば，宿泊サービスの代理，媒介ま

たは取次ぎ（以下，「宿泊サービスの仲介」という）を業として行うことができる（旅行業法3条，2条1項3号，4号）。

　宿泊場所を業として提供するのは，従来，旅館業法の許可を得て旅館業を営む者（以下，「旅館業者」という）でなければならないのが原則であり，したがって，旅行業者の宿泊サービスの仲介は，旅行者が旅館業法上の旅館業，すなわち，ホテル営業，旅館営業，簡易宿所営業および下宿営業（旅館業法2条1項）を営む宿泊場所への旅客の宿泊サービスの仲介の域を出ることがなかった。

(2)　旅行業者と住宅宿泊事業法

　住宅宿泊事業法の制定により，旅館業の対象ではない新たな宿泊場所としての住宅も一定の要件のもと旅行者のために業として提供できることになった（以下，住宅宿泊事業法2条5項の定義にしたがって，「届出住宅」という）。そこで，届出住宅への旅客の宿泊サービスの仲介を業とすることを規制するために，これを住宅宿泊仲介業と称して，住宅宿泊事業法で規制することになったものである。その場合，旅行業者は，上述のように，宿泊サービスの仲介が旅行業法に基づいて可能であるので，届出住宅が宿泊サービスの対象として認められる以上，当然に届出住宅も宿泊サービスの仲介対象として，仲介ができるという整理がされている。すなわち，旅行業者は，旅行業法で登録されている以上は，届出住宅について別途住宅宿泊仲介業の登録を要しない。このことは，住宅宿泊事業法46条1項で，「観光庁長官の登録を受けた者は，旅行業法第3条の規定にかかわらず，住宅宿泊仲介業を営むことができる。」と規定されていることからもわかる。

(3)　住宅宿泊仲介業者の仲介業と旅行業者の仲介業

　旅行業者の届出住宅にかかる宿泊サービスの仲介は，すべて旅行業法で規制され，旅行業者ではない者が届出住宅の宿泊サービスの仲介を行う場合に，住

宅宿泊仲介業者として住宅宿泊事業法の規制に服するという関係にある（住宅宿泊事業法 67 条で旅行業法の特例が定められているが，これは旅行業者が住宅宿泊事業者から仲介を依頼されることがあるために規定されただけで，旅行業者に特段追加的負担を課しているものではない）。そのため，住宅宿泊仲介業者の宿泊サービスの仲介についての規制は，旅行業者の旅行業法における宿泊サービスの仲介についての規制を実質的に超えるものではなく[1]，同規制を参考に定められているものが多い。

　以下に住宅宿泊仲介業の業務規制をとりあげて説明する。

(4)　住宅宿泊仲介業における業務規制

①　住宅宿泊仲介業約款

　住宅宿泊事業法 55 条 1 項で，住宅宿泊仲介業者は，宿泊者と締結する住宅宿泊仲介業務に関する契約に関し，住宅宿泊仲介業約款を定め，その実施前に，観光庁長官に届け出ることを規定している。同様の規定は旅行業法にも旅行業約款として規定がある（12 条の 2）。

　なお，旅行業法に標準旅行業約款があるように（12 条の 3），住宅宿泊事業法でも標準住宅宿泊仲介業約款が予定されている（55 条 3 項）。

②　住宅宿泊仲介業務に関する料金の公示

　住宅宿泊事業法 56 条 1 項で，住宅宿泊仲介業者は，宿泊者および住宅宿泊事業者から収受する住宅宿泊仲介業務に関する料金を定め，公示しなければならないと規定している。同項で，料金の定めは「国土交通省令で定める基準に従い」とあるが，同法施行規則 37 条で，「住宅宿泊仲介業務に関する料金が契約の種類及び内容に応じて定率，定額その他の方法により定められ，宿泊者及び住宅宿泊事業者にとって明確であることとする。」との規定が定められた。

③　業務上の禁止行為

　住宅宿泊事業法 57 条，58 条では，「不当な勧誘等の禁止」，「違法行為のあ

っせん等の禁止」の規定があるが，同種の規定は旅行業法13条にもある。

住宅宿泊事業法57条1項1号の「宿泊者に対し，当該住宅宿泊仲介契約に関する事項であって宿泊者の判断に影響を及ぼすこととなる重要なものにつき，故意に事実を告げず，又は不実のことを告げる行為」というところは，届出住宅が千差万別であって，旅行業法が前提としていた旅館業法の対象の宿泊場所とは大きく異なりうるので重要な点であるが，これについては，本章の最後で，住宅宿泊仲介業者の説明責任として別途検討する。

④　住宅宿泊仲介契約の締結前の書面の交付

住宅宿泊事業法59条では住宅宿泊仲介契約の締結前の書面の交付が義務づけられているが，同種の規定は，旅行業法12条の4第2項に規定があり，同条を受けて制定された「旅行業者等が旅行者と締結する契約等に関する規則」5条にも規定がある。

3.　外国会社である住宅宿泊仲介業者の位置づけ

(1)　民泊と外国会社

いわゆる「民泊」は，自社のウェブサイトに，住宅の所有者であるホストから得られた利用可能な物件情報を掲載し，これらとゲストの希望とのマッチングを行うサービスを行う外国の会社によって需要を喚起され，外国人観光客が日本に多数押し寄せたことから注目を浴びた。

日本ではこれまで，この種の宿泊サービスを正面から認める法整備がなかったため，かかる需要に応えて制度改正の検討が進み，その検討の結果，住宅宿泊事業法が成立したものである。したがって，住宅宿泊事業法は，かかる事業を行う会社を一定の法的規制に置くことで，ホストもゲストも一定程度保護し，

かかる事業の健全な発展に資することを目的としている。

　上記の経過から明らかなように，国外からの観光客に対してかかる情報を適切に流せるのは，日本の仲介会社に限られないから，もともと，住宅宿泊事業法では，宿泊サービスの仲介に外国会社が入りうることは当然の前提とされている。また，かかる外国会社に対して適切な法的規制をかけることができないのならば，法律を新しく制定した意味もない。

　そこで，住宅宿泊事業法では外国において住宅宿泊仲介業を営む者（以下，61条1項の定義にしたがって，「外国住宅宿泊仲介業者」という）を念頭に置いた規定が置かれている。以下に説明する。

(2)　外国住宅宿泊仲介業者

①　外国住宅宿泊仲介業者の定義

　住宅宿泊事業法では，「国内に住所若しくは居所を有しない自然人又は国内に主たる事務所を有しない法人その他の団体であって，外国において住宅宿泊仲介業を営む者」をもって，外国住宅宿泊仲介業者（61条1項）と定義している。

　住宅宿泊仲介業の対象は「届出住宅」であり，日本国外の宿泊は規制対象外であるから（法律上明記はされていないが，前提とされていると解する），日本国内の届出住宅について宿泊サービスの仲介を外国で行う外国法人であれば，外国住宅宿泊仲介業者として，この法律で規制を受けることになる。

②　住宅宿泊仲介業者としての義務

　外国住宅宿泊仲介業者も住宅宿泊仲介業を営む以上，その登録申請を行わなければならない（46条，47条1項）。前述した住宅宿泊仲介業者に求められている，①住宅宿泊仲介業約款（55条），②住宅宿泊仲介業務に関する料金の公示（56条），③業務上の禁止行為（57条，58条），④住宅宿泊仲介契約の締結前の書面の交付（59条）等も国内の住宅宿泊仲介業者と同様に求められる。

③　外国住宅宿泊仲介業者に対する監督

外国住宅宿泊仲介業者は，国内に事務所を有しないのであるから，その監督をどのように行うのかという問題があるが，基本的には国内の住宅宿泊仲介業者に対する監督と同様の措置がなされる。ただし，観光庁長官は，外国住宅宿泊仲介業者に対しては，「命令」ではなく「請求」を行うものと規定されている（61条2項）。

　なお，条文の読み方として注意が必要だが，61条1項以下は，住宅宿泊仲介業者から外国住宅宿泊仲介業者を除外しており（同項のかっこ書），60条までは外国住宅宿泊仲介業者も住宅宿泊仲介業者に包含している。

　したがって，外国住宅宿泊仲介業者が登録要件を満たさなくなったり（63条1項1号，62条1項1号，49条1項各号），登録を不正の手段で受けたり（63条1項1号，62条1項2号），その営む住宅宿泊仲介業に関し法令に違反したり（63条1項2号），住宅宿泊仲介業の適正な運営を確保するため必要があるとして業務の方法の変更その他業務の運営の改善に必要な措置をとるべきことを観光庁長官から請求された場合に請求に応じなかったり（63条1項3号，61条1項，2項），「観光庁長官が，住宅宿泊仲介業の適正な運営を確保するため必要があると認めて，外国住宅宿泊仲介業者に対し，その業務に関し報告を求め，又はその職員に，外国住宅宿泊仲介業者の営業所若しくは事務所に立ち入り，その業務の状況若しくは帳簿書類その他の物件を検査させ，若しくは関係者に質問させようとした場合において，その報告がされず，若しくは虚偽の報告がされ，又はその検査が拒まれ，妨げられ，若しくは忌避され，若しくはその質問に対して答弁がされず，若しくは虚偽の答弁がされたとき。」（63条1項4号）等においては，登録を取り消したり，1年以内の期間を定めて業務の全部または一部の停止を請求することができる。この請求に応じない場合は取消しも可能である（63条1項3号）。

④　**典型的な契約関係における法規制の適用関係**

　「民泊」の主要な客は外国人観光客であると仮定すると，このような外国人

　観光客Aが外国住宅宿泊仲介業者Bのウェブサイトに掲載されている日本の物件を気に入り，宿泊を申し込んだ場合，当該物件は，日本の所有者CからBが依頼を受けて掲載している場合が典型的なパターンである。その場合，AとBとの間では，宿泊サービスの仲介契約が締結され，BとCの間でも，宿泊サービスの仲介契約が締結されていることになる。Aが物件に宿泊する意思を表示すれば，AとCとの間で宿泊契約が成立することになる。

　住宅宿泊事業法が施行されると，Bは，同法に拘束され，旅館業法の対象となる宿泊場所以外の住宅の宿泊サービスの仲介を行う以上，すなわち，「民泊」サービスを行う以上，扱う物件が「届出住宅」でなければならないし（46条1項，2条8項），また，事前に届け出ていた住宅宿泊仲介業約款（55条1項）に基づきAと仲介契約を締結しなければならず，その内容をAに説明しなければならない（59条1項）。同様にCとも仲介契約を締結し，その内容をCにも説明しなければならない。これらは，ウェブサイトの画面上で行われるだろう（59条2項，33条2項）。約款は日本語で届け出ることになろうから，正しい翻訳をAが見ることができるようにしておく必要がある。ウェブサイトを見るAのために，料金は公示されていなければならない（56条）。また，Bの登録年月日，登録番号等もウェブサイトに掲載されるであろう（60条1項，2項）。

　仮に，たとえば，Bが「届出住宅」以外の住宅をAに仲介するようなことがあれば，これは，住宅宿泊事業法46条1項違反であり，63条1項2号の「その営む住宅宿泊仲介業に関し法令に違反したとき。」に該当するため，観光庁長官から，登録が取り消されたり，業務停止の請求を受けるリスクが生じることになる。一旦，取り消されると，5年間は再登録ができない（49条1項3号）。取り消されたのに，再登録をせずに，「民泊」サービスをすると，46条1項違反であるから，旅行業者でもない者が，住宅宿泊仲介業の登録もなく「民泊」サービスを行うことになり，旅行業法違反にもなる。もちろん，日本国内の物件を宿泊場所とする宿泊サービスの仲介を，最初から旅行業法の登録もせず，

住宅宿泊仲介業の登録もせずに行えば，最初から旅行業法違反である。いずれの場合も，旅行業法3条違反であるから，同法29条1号で100万円以下の罰金に処せられる。

4. 住宅宿泊仲介業者の説明責任

(1) 届出住宅の水準

　旅館業法では，人を宿泊させる営業であれば，同法2条で定める「旅館業」，すなわち，「ホテル営業」か「旅館営業」か「簡易宿所営業」か「下宿営業」のどれかには該当しなければならず（旅館業法2条の定義規定によると，宿泊させる営業は，「簡易宿所営業」か「下宿営業」に該当しないのならば，洋式であれば「ホテル営業」になり，和式であれば「旅館営業」になると読めるから），「民泊」もどれかに該当しなければ違法で許されないはずだった。

　しかし，「民泊」は，旅館業法による許可を受けない者によって，既存の規制を無視して提供されていた。換言すると，旅館業法違反の状態が生まれていたから問題視されたのである。しかし，住宅として十分には利用されていない建物を他人に有償で宿泊場所として提供することが，旅館業の許可を得なければすべて違法行為となってしまうのでは過剰な規制ではないか，もっと実情に応じた規制のあり方があるだろうという意見も多く，「民泊」にふさわしい規制のあり方が検討され，その検討の結果が住宅宿泊事業法に結実したと言える。

　以上の経緯からわかるように，「民泊」で提供されてきた宿泊場所は，旅館業が前提にした各種宿泊場所の水準には達しないことが念頭に置かれている。したがって，住宅宿泊事業法2条1項1号で，「届出住宅」に備わるべき「台所，浴室，便所，洗面設備その他の当該家屋を生活の本拠として使用するために必

要なものとして国土交通省令・厚生労働省令で定める設備」とは，台所，浴室，
便所，洗面設備のみである（同法施行規則１条）。

(2) 届出住宅の使用と賃貸借との関係

一定期間の届出住宅の使用をゲストに有償で許すとなると，建物の賃貸借と
はどこが違うのかという問題がある。6か月の賃貸借と6か月の宿泊サービス
提供契約（住宅宿泊事業法12条）とは見分けがつかないと言われかねない。結局，
賃貸借契約と同視されないためには，ゲストが届出住宅を占有しているわけで
はないと判断される，実質的に重要な点を宿泊サービス提供契約に明らかにし
ておくべきということになろう。

すなわち，届出住宅に関しては，あくまで一定期間の宿泊をゲストに許して
いるだけであることを明らかにしておかなければならない。したがって，宿泊
期間を通して，常に宿泊できる状態に届出住宅を維持管理するのはホストの義
務であるとともに権限でもあって，清掃等はすべてホストの費用と責任で行い，
ゲストがこれに異を唱える権利はないこと，また，ホストはいつでも届出住宅
をゲストの同意なく立入点検できること等が実務的には重要な取り決めとなろ
う。賃貸借ではそのようなことは通常認められない。

宅地建物取引業法（以下，「宅建業法」という）では，建物の賃貸を業として
も同法の規制はかからないが，建物の賃貸を代理したり媒介したりすることを
業とすると同法の規制を受ける。すなわち，かかる仲介を業とする者は，宅地
建物取引業（以下，「宅建業」という）の免許を得なければならない。免許を受
けた宅地建物取引業者（以下，「宅建業者」という）は，仲介する賃貸借契約の
締結前に一定の重要事項を書面に記載した上で，賃借しようとする者に対し，
宅地建物取引士をして説明させなければならない（35条）。説明すべき重要事
項の内容は，売買の仲介と賃貸借の仲介とでは異なるが，賃貸借の仲介でも，
建物の属性についても，たとえば，石綿使用調査の有無や耐震診断の内容を書

面に記載した上で，説明しなければならない。

　宿泊サービス提供契約が賃貸借契約ではないという整理ができれば，住宅宿泊仲介業は宅建業法の規制に服さない。しかし，宿泊サービス提供契約がその実質から見て建物賃貸借と区別できない場合，これに係る住宅宿泊仲介業は宅建業法の規制に服すことにならないかが問題となる。

　この点で未だ政府見解は示されてはいないが，平成26年12月5日付の国土交通省土地・建設産業局不動産業課長の各都道府県主管部長に対する「国家戦略特別区域法における国家戦略特別区域外国人滞在施設経営事業と宅地建物取引業法の関係について」と題する通知（国土動第87号）において，特区民泊に関しての説明の中ではあるが，「宅建業法の適用の有無は，従来より，施設の使用に係る契約の内容によって実質的に判断しており，提供される施設に生活の本拠を有しないと考えられる滞在者を対象として，寝具等を備えた施設を紹介・あっせんする事業については，宅地建物取引業には該当しないものである。」としている。

　したがって，宿泊サービスについて賃貸借の性格を否定できない場合も，これに係る住宅宿泊仲介業者が宅建業法上の規制に服するとの見解を国土交通省がとることは考えにくい。しかしながら，ストレートに宅建業法の規制に服することはなくても，建物の賃貸借の仲介と類似する届出住宅の宿泊サービスの仲介において仲介業者に何らかの説明義務がないのかは確認しておくべき問題である。

　そこで，旅館業の対象となる宿泊場所の宿泊サービスの仲介を行ってきた旅行業者には，宿泊場所についてどこまで説明義務が課されていたのかを次に確認する。

(3)　旅行業者の説明責任

　旅行業法で定める登録を行った旅行業者は，宿泊サービスの仲介ができる。

ただ，その場合，宿泊場所に関する説明義務を直接的に定めた規定は旅行業法には存在しない。

ただし，誇大広告の禁止（12条の8）のほか，「旅行業務に関し取引をする者に対し，その取引に関する重要な事項について，故意に事実を告げず，又は不実のことを告げる行為」を禁じる規定は旅行業法に置かれている（13条1項2号）。この後者は，不作為をも禁止行為としており，一定の重要な事項は告げるべきことを前提としているが，法文上は何が重要な事項であるかは規定がない。

旅行業者の説明責任が宿泊場所の特性について問題となった係争事例は，筆者の知る限り，知られていない[2]。旅行業者の旅客に対する安全配慮義務については，パッケージツアーの外国旅行でバス転落事故等において訴訟にまで発展したものもあり（東京地裁平成元年6月20日判決，東京地裁昭和63年12月27日判決。いずれも判例タイムズ730号171頁），危険の告知義務等が時にはかかる安全配慮義務に含まれうることが一般論として論じられることはあるが，国内の宿泊場所の安全性についての説明義務等が議論された紛争事例は，筆者の知る限り，ないように思われる。

そもそも，パッケージツアーのように全旅程に旅行業者が主導的立場をとる場合は，国内の宿泊場所であろうと，時には，旅行業者の旅客に対する安全配慮義務の観点から宿泊場所の安全性についての説明義務が生じうることもあるだろう。しかし，単に宿泊サービスの仲介を行うにすぎない場合は，旅行業者からの宿泊場所についての情報は旅行客には単なるひとつの情報でしかない。したがって，あえて宿泊場所決定の判断を狂わせるような旅行業者の言動があれば別だが，そうでない限り，実際には旅行業者の説明義務が問題になることはないと考えられる。つまり，宿泊場所の決定は，原則として，旅行業者との関係では旅行客の自己責任と考えられてきたと整理でき，宿泊場所の安全配慮義務は，旅館業法で宿泊場所を提供する旅館やホテルの問題として片付けられてきたと言える。

(4) 住宅宿泊仲介業者の説明責任

① 旅行業者の仲介業と住宅宿泊仲介業との比較

　前述のとおり，旅行業者は，旅行業者として登録を受けている以上，届出住宅の宿泊サービスの仲介を行うことができ，その規制は旅行業法による。したがって，旅行業者ではない住宅宿泊仲介業者が届出住宅の宿泊サービスの仲介を行う場合も，旅行業法で旅行業者に求められる説明責任を超えた説明責任を負わされることはないと考えることが筋が通っている。

　しかも，取り扱う旅館・ホテルの営業と「民泊」である届出住宅の営業には大きな違いがある。すなわち，旅館業はプロの事業である。一方，住宅宿泊事業法で規制する住宅宿泊事業は，アマの事業である。「民泊」はシェアリングエコノミーのひとつの事象だからである。このことを裏づけるように，住宅宿泊事業法がターゲットとするのは，1年間で180日を超えない宿泊事業であり（2条3項），未活用住宅の活用に主眼がある。旅館業がまさに宿泊者に宿泊サービスを提供するプロの事業であることと異なる。アマの事業であるからこそ，ある程度の規模を超えた住宅であったり，目が届かない住宅であったりすると，管理の質に一挙に不安が出てくる。そのため，その場合は住宅宿泊管理業者に管理を委託しなければならないとされていると考えられる（11条）。換言すると，住宅宿泊事業は片手間の事業であって，旅館業は厳しい競争市場における事業である。さらに，旅館業は許可が必要であるが，住宅宿泊事業は届出で足りる。人を宿泊させる営業ならば，いずれも同じレベルで規制すべきという考え方も一理あるが，それでは，全体として規制を厳しくするか，全体として規制を緩くするかのどちらかになるだろう。しかし，すべてを同じレベルで規制する必要はないのではないか，むしろ，「民泊」の場合は，シェアリングエコノミーに見合うそれなりの規制でよいとの考え方が住宅宿泊事業法の基礎にあると言うべきである。許可制ではなく届出制にしたのも，このような判断が働いた結

果であると思う。換言すると，旅館業は，しっかりコントロールすることで，旅行客の利益を国家的に保護しようとする背景があるが，住宅宿泊事業では，利益をどう守るかはゲストとホストの自己責任が基本で，必要な限度で規制をかけるという発想である[3]。

以上のとおり，旅行業者の仲介業以上に住宅宿泊仲介業が宿泊者に対する説明責任を負わされることはないだけでなく，そもそも住宅宿泊事業自体がゲストとホストの自己責任を基礎にして成り立っていることから考えると，住宅宿泊仲介業の提供するサービスは，まさにホストとゲストとの需要と供給をマッチングさせるプラットフォーム[4]としての市場の提供が基本であって，原則として，それ以上のものではないと考えることが制度趣旨に沿った考えとなると思う。

② 住宅宿泊事業法の規制

住宅宿泊事業法でも，前述したとおり，旅行業法13条1項2号と同様の規定がある。すなわち，「住宅宿泊仲介契約の締結の勧誘をするに際し，又はその解除を妨げるため，宿泊者に対し，当該住宅宿泊仲介契約に関する事項であって宿泊者の判断に影響を及ぼすこととなる重要なものにつき，故意に事実を告げず，又は不実のことを告げる行為」は禁じられている（住宅宿泊事業法57条1号）。しかし，住宅宿泊仲介業者の説明責任に直接関わる規定は他にない。

ただ，住宅宿泊事業では旅客の自己責任が基本であるといっても，旅館やホテルと届出住宅とでは実態に大きな違いが出てくることが予想される。すなわち，届出住宅の宿泊場所の安全性については，許可を得たプロの旅館業者が旅館やホテルについて自己のビジネスの存亡をかけて真剣に確保するのと異なって，旅館やホテルとは比較にならないくらいお粗末なものが少なからず誕生するであろう。もちろん，中にはレベルの低い旅館やホテルよりはるかに上質の届出住宅もあるだろうが，相当数の劣悪な届出住宅が生まれると思われる[5]。したがって，届出住宅の安全性や快適性については，ゲストが自己責任で判断

するしかなく，多くは，ネットを通じてゲストがホストに事前に多くの質問を投げかけてこれにホストに答えてもらうというかたちで自己防衛するしかないと思われる。しかしながら，住宅宿泊事業法57条1号がある以上は，住宅宿泊仲介業者は，単にネット上のプラットフォームを提供するだけでよく，ゲストに説明責任を一切負わないということにはならない。以下に具体例で説明する。

③　具体的事例の検討

外国のゲストA，外国住宅宿泊仲介業者B，国内のホストCという事例で，Cの届出住宅が違法建築であって，出火による有毒ガスが室内に蔓延し，Aが死亡したような場合の法的責任を考えてみる。

契約関係としてはA・Bの仲介契約，B・Cの仲介契約，A・Cの宿泊契約というものがあり，A・Bの仲介契約はそもそも国外の契約であるから契約の準拠法は外国法であって，住宅宿泊仲介業者としての説明義務を日本法で議論する意味はないように思われる。ただ，Bが出火時に届出住宅がきわめて危険であることを知りながら，Bのウェブサイトに届出住宅の危険性にあえて一切言及しなかったような場合は，BはAに対する関係では住宅宿泊事業法違反の責任を不法行為として問われる可能性がある。なぜなら，知らせなければ，「故意に事実を告げず，又は不実のことを告げる行為」に該当し，Bは住宅宿泊事業法57条1号違反の可能性があり，不法行為の準拠法が外国法となっても，知らせないことがBの違法行為を基礎づけるだろうからである。Cが住宅宿泊事業者としてAに対する宿泊契約上の安全配慮義務が問われることは当然だが，Cが無資力である場合を考えると，AがBの責任を問うことがある。したがって，Bは，当該届出住宅の特性から考えて当然にAが注意すべきという危険性以上の特段の危険性を現実に知っていれば，その危険性をAに知らせるべきであるということになる。もっとも，Bに危険の有無についての調査義務まではない。これを根拠づける法的理由がないからである。

〈参考文献〉

森亮二（2016）「プラットフォーマーの法律問題」（NBL 1087 号 4 頁以下）

藤原総一郎他（2016 a）「シェアリングエコノミーにおけるプラットフォーム規制（上）」
（NBL 1072 号 13 頁以下）

藤原総一郎他（2016 b）「シェアリングエコノミーにおけるプラットフォーム規制（下）」
（NBL 1073 号 55 頁以下）

規制改革会議「公開ディスカッション」議事録（平成 28 年 3 月 14 日）

〈注〉

(1)　旅行業法で旅行業者に求められている営業所ごとの旅行業務取扱管理者の選任
（11 条の 2）や営業保証金の供託（7 条）という規制は住宅宿泊仲介業者には求め
られていない。

(2)　かなり特殊だが，クルーズツアー旅行の船室について旅行業者の説明義務違反
が問題となった事例はある（東京地裁平成 24 年 1 月 31 日判決ＴＫＣ文献番号
25491052。判決は説明義務を否定している）。

(3)　シェアリングエコノミーとしての民泊の特質に配慮した新しい規制のあり方が
必要であることについては，規制改革会議「公開ディスカッション」議事録（平
成 28 年 3 月 14 日）の議論を参照されたい。

(4)　プラットフォーマーとは，情報や商品，サービスの流通の場・環境を提供する
事業者のことであり，その場・環境となるウェブサイトやアプリ等がプラットフ
ォームと呼ばれている。プラットフォーマーの法律問題については，森亮二
（2016），藤原総一郎他（2016 a），（2016 b）を参照されたい。

(5)　家主不在型の民泊では家主は登録した住宅宿泊管理業者に対して管理業務を委
託しなければならない。かかる住宅宿泊管理業者がそのビジネスを成功させるた
めには，物件について相応の管理を行う必要があるであろうが，だからと言って
物件自体の質を引き上げるほどのことにはならないだろうと思われる。

不動産業から見た
民泊の法的問題点
——住宅宿泊事業法の施行後の対応を中心に——

弁護士

佐 藤 康 之

1. はじめに

　近年，訪日外国人の急増を背景に，特に観光地を中心とした都市部において，住宅を宿泊の用途に利用させる民泊が増加している。

　これまでの民泊に関しては，旅館業法違反の疑義があるものが多く，さらには近隣住民とのトラブルが社会的な問題となっていたが，一方で，外国人の訪日旅行客による民泊の利用は右肩上がりに増えている状況であるため，国による早急な対策が求められていた。

　このような状況下で，政府は，2017 年 3 月 10 日，住宅宿泊事業法案を閣議決定し，同年 6 月 9 日，住宅宿泊事業法（以下，「民泊新法」という）が参院本会議で可決，成立した。民泊新法は，2018 年 6 月 15 日から施行される。

　民泊新法は，「我が国における観光旅客の宿泊をめぐる状況に鑑み，住宅宿泊事業を営む者に係る届出制度並びに住宅宿泊管理業を営む者及び住宅宿泊仲介業を営む者に係る登録制度を設ける等の措置を講ずることにより，これらの事業を営む者の業務の適正な運営を確保しつつ，国内外からの観光旅客の宿泊

に対する需要に的確に対応してこれらの者の来訪及び滞在を促進し，もって国民生活の安定向上及び国民経済の発展に寄与することを目的」（1条）としたものであり，同法に基づき，民泊サービスの提供に関して一定のルールを定め，健全な民泊サービスの普及が図られることとされている。

これまで，適法に民泊を営むには，簡易宿所制度の利用や，国家戦略特別区域の活用という手段があったが，いずれも使い勝手が良いとはいえず利用が進んでいない状況であった[1]こともあり，今後は適法な民泊は民泊新法に基づくものが大勢を占めることになるものと考えられる。

本章では，特に既存の不動産事業に関わってきた事業者（主に不動産管理業者）の観点から，民泊新法に基づいた民泊にはどのように関わっていくべきか，配慮すべきリスクは何かといったことに焦点をあてて論じる。

2. 民泊新法に基づく管理義務

民泊新法に基づく民泊は，家主居住型（いわゆるホームステイ）と家主不在型に大きく分けられ，いずれに当たるかによって同法に基づく管理義務を負う主体が異なる。

すなわち，家主が居住する住宅の一部を民泊に供する家主居住型の場合は，家主自身が住宅宿泊事業者として管理義務を負うが，「届出住宅に人を宿泊させる間，不在となる」家主不在型の場合は，家主は民泊新法に基づく登録をした住宅宿泊管理業者に管理業務を委託しなければならず（法11条1項2号），この場合，委託先の住宅宿泊管理業者が民泊新法上の管理義務を負う（法11条2項，36条）。

民泊新法11条1項2号の「不在」に関しては，「一時的なものとして国土交通省令・厚生労働省令で定めるもの」として，「日常生活を営む上で通常行わ

〈住宅宿泊管理業務の内容と義務を負う主体〉

	家主居住型	家主不在型
住宅宿泊事業の届出（法3条）	住宅宿泊事業者	住宅宿泊事業者
宿泊者の衛生の確保（法5条）	住宅宿泊事業者	住宅宿泊管理業者
宿泊者の安全の確保（法6条）	住宅宿泊事業者	住宅宿泊管理業者
外国人観光旅客である宿泊者の快適性及び利便性の確保（法7条）	住宅宿泊事業者	住宅宿泊管理業者
宿泊者名簿の備付け等（法8条）	住宅宿泊事業者	住宅宿泊管理業者
周辺地域の生活環境への悪影響の防止に関し必要な事項の説明（法9条）	住宅宿泊事業者	住宅宿泊管理業者
苦情等への対応（法10条）	住宅宿泊事業者	住宅宿泊管理業者
届出住宅の標識の掲示（法13条）	住宅宿泊事業者	住宅宿泊事業者

れる行為に要する時間の範囲内の不在」（同法施行規則9条3項）は，「不在」に該当しないものとされている。出張やバカンスによる住宅提供者の不在期間中の住宅の貸出しは家主不在型と位置付けられるものと考えられている[2]。

　また，家主が届出住宅に不在であっても，「住宅宿泊事業者が自己の生活の本拠として使用する住宅と届出住宅との距離その他の事情を勘案し，住宅宿泊管理業務を住宅宿泊管理業者に委託しなくてもその適切な実施に支障を生ずるおそれがないと認められる場合として国土交通省令・厚生労働省令で定めるとき」として，「住宅宿泊事業者が自己の生活の本拠として使用する住宅と届出住宅が，同一の建築物内若しくは敷地内にあるとき又は隣接しているとき」で，かつ，「届出住宅の居室であって，それに係る住宅宿泊管理業務を住宅宿泊事業者が自ら行うものの数の合計が5以下であるとき」（同法施行規則9条4項）は，家主不在型に該当しないとされている（法11条1項2号）。

　例としては，母屋に家主が居住していて離れを民泊として提供する場合や，アパートのオーナーが管理室に居住していてその他の居室を民泊として提供する場合，区分所有マンションの一室に居住している家主が同じマンション内の

別の区分所有建物を民泊として提供する場合などが想定される。

　家主居住型と家主不在型の管理業務について，それぞれの内容と主体は概ね前ページの表のとおりである。

　現実には，民泊事業を行う場合には，清掃，寝具の洗濯，鍵の引渡し（スマートロックを使用する場合もある），外国語対応，家具等のレンタル等，それぞれの専門業者に委託したり，場合によっては完全運用代行として業者に委託したりする場合もあるが，それらの場合も，民泊新法上の責任主体はこの表のとおりとなることには留意が必要である。

3. 周辺住民とのトラブル対応について

(1) 周辺住民とのトラブルの概要

　民泊については，これまで様々な周辺トラブルが社会問題となっている。トラブルの内容としては，騒音に関するもの，ゴミ出しに関するもの[3]が典型的であるが，外国人旅行者がお酒を飲んで騒いだり，場合によっては酔って共用部分で寝ているという場合もあり，近隣住民から苦情が出たり，苦情は出なくとも不安を生じさせるようなケースが見られる。

　住宅宿泊事業者あるいは住宅宿泊管理業者としては，個々のトラブルにどう対処するかということを把握しておくことも重要であるが，そもそも民泊をすること自体に対して周辺住民から抵抗をつくってしまうと，そのまま民泊事業を続けること自体に支障が出てしまうおそれがあり，トラブルを生じさせずに，民泊事業を行うことに理解を得られるような準備，対応をしておくことが重要である。

(2) 民泊新法に基づく義務

① 宿泊者への説明義務

周辺住民とのトラブルに関して，民泊新法では，家主居住型では住宅宿泊事業者が，家主不在型では住宅宿泊管理業者が，それぞれ宿泊者に対して周辺地域の生活環境への悪影響の防止に関し必要な事項の説明をすることが義務付けられている（同法9条1項）。

説明する方式は，「国土交通省令・厚生労働省令で定めるところ」によるものとして，書面の備付けその他の適切な方法により行わなければならず（同法施行規則8条1項），説明する内容は，「騒音の防止のために配慮すべき事項その他の届出住宅の周辺地域の生活環境への悪影響の防止に関し必要な事項であって国土交通省令・厚生労働省令で定めるもの」として，ごみ処理，火災防止のために配慮すべき事項が必要であり（同法施行規則8条2項），外国人の宿泊者に対しては外国語での説明が必要とされる（同法9条2項）。

具体的には，直接対面しての説明の他，インターネット上で説明をすることも認められるであろう。また，事後的に周辺住民とのトラブルが起こった際も想定し，上記のルールに従って，住宅宿泊事業者および住宅宿泊管理業者としては，確実に証拠として残る形で説明したこと，およびその内容を記録として残しておくことが必要である。

② 苦情等への対応義務

民泊新法では，「届出住宅の周辺地域の住民からの苦情及び問合せについては，適切かつ迅速にこれに対応しなければならない」（法10条）として，家主居住型では住宅宿泊事業者，家主不在型では住宅宿泊管理業者に苦情等への対応義務が課されている。

③ 標識の掲示義務

「住宅宿泊事業者は，届出住宅ごとに，公衆の見やすい場所に，国土交通省令・

厚生労働省令で定める様式の標識を掲げなければならない」（法13条）ものとされている。

　標識の様式については同法施行規則11条に定められているが，掲示場所については，「公衆の見やすい場所に」ということしか規定がなく，具体的にどこに掲示すれば良いかという問題がある。戸建てであれば玄関付近となるだろうが，アパートやマンションにおいては，個々の居室の玄関付近のみで良いのか，その棟のエントランス付近にも掲示が必要かという問題がある。

　周辺住民が民泊に関して苦情や問い合わせをする場合には，届出住宅に関して掲示された標識を見てどこに連絡をするかを知ることになるであろうが，同じアパートやマンション内の住民であれば，当該届出住宅の標識を見て苦情や問い合せをすることが可能である一方，その建物の外の周辺住民は，勝手に当該アパートやマンションに立ち入ることは住居侵入罪に該当することにもなりかねないため，外部の周辺住民としては外からも見られるような場所に標識があることが求められるだろう。

　他方，エントランス付近に民泊の標識を出されたくない他の住民がいる場合，特に区分所有マンションで資産価値の観点から民泊をやっていることを公にしてほしくない住民がいる場合は（その場合は後述するように管理規約で禁止するのが適切であろうが），該当居室の玄関付近のみに標識を出してほしいとなるであろうし，難しいところである。

　法律上は，「公衆の見やすい場所」であれば適法であり，必ずこの場所でないといけないという基準はないため，各自ケースバイケースで判断するしかないように思われる。

(3)　想定される問題点

　苦情等に対する民泊新法上の義務は上述のとおりであるが，もし宿泊者によって近隣住民に対して何らかの損害を与えてしまった場合（たとえば捨てては

いけない廃棄物を捨ててしまって処分費用を要した場合や，物を損壊してしまった場合，騒音による精神的損害等），その法的責任，たとえば民事上の損害賠償責任は誰に帰属するのであろうか。

　第一に，行為者の主体である宿泊者本人が責任を負うことは当然であるが，現実には責任追及が難しい場合が多いであろう。住宅宿泊事業者または住宅宿泊管理業者は，宿泊者名簿の備付けが義務となっているが（法8条），本人の同意なく開示することには問題があり（紙幅の関係から個人情報保護の観点からの詳細な議論は割愛する），損害賠償請求をする側としては，行為者を特定することも簡単ではない。仮に行為者を特定できたとしても，民泊の特殊性として，外国人旅行者が宿泊者となるケースが多く，外国人旅行者に対して訴訟提起をして損害の回復を図るというのは極めて難しい（区分所有建物の管理費の滞納で，債務者が外国人である非居住者である場合に回収が困難であるということと似た問題である）。

　第二に，家主不在型の場合に，住宅宿泊管理業者が民事上の責任を負うことはあるだろうか。住宅宿泊管理業者は，周辺地域の生活環境への悪影響の防止に関し必要な事項の説明義務（法9条1項）と，苦情等への対応義務（法10条）を負っているため，これらの義務について十分な対応をしていないということであれば，民事上の責任を負うことも十分あり得るが，これらの義務について十分な対応をしていれば，民事上の責任を負う可能性は低いものと思われる。住宅宿泊管理業者としては，適切に説明義務を果たしたということについて明確な根拠を持って示すことができるよう記録を残しておくべきであるし，反復継続して騒音等の苦情を受けるようであれば，そもそもの説明内容が不足しているということであろうから，騒音等を起こさないような説明をするよう工夫すべきである。

　第三に，住宅宿泊事業者自身はどのような責任を負うだろうか。家主居住型の場合は，周辺地域の生活環境への悪影響の防止に関し必要な事項の説明義務

（法 9 条 1 項）と，苦情等への対応義務（法 10 条）を負っているため，その履行を確実になすことが重要であることは上記住宅宿泊管理業者の場合と同様である。

　さらに，旅館業法では宿泊希望者との契約締結義務があり，宿泊を拒否できる場合が限定的である（同法 5 条。旅館業法の改正点の一つとしてこの点の改正も検討されていたが，現時点では実現していない）のに対し，住宅宿泊事業においては特段宿泊拒否についての制限はないため，過去の利用に関して迷惑行為をした等としてゲストとしてのレビューの評価が悪い宿泊希望者については宿泊を拒否するといった対応も検討しうる。ただし，海外では，民泊の宿泊希望者に対して不当な理由で宿泊を拒否したことが人種差別であるとして問題となった例もあり[4]，対応には慎重を期する必要がある。

　また，家主不在型であっても，アパートの一部を民泊に供していてその他の部屋を賃貸に供している場合等は，貸主として建物を平穏に使用収益させる義務を負っているため，民泊利用者によって他の居住者に迷惑行為があった場合には，貸主は，迷惑行為を受けた借主に対して債務不履行責任を負うこともあり得る。

4. 賃借物件を民泊に供する場合の問題点

(1) 民泊契約の性質

　住宅宿泊事業者と宿泊者との間の宿泊契約は，民法上の賃貸借や売買等の典型契約のどれかに位置付けることはできず，一種の無名契約という位置付けになるだろう。

　ホテル・旅館と宿泊客との宿泊契約については，賃貸借，飲食物の売買，労

務者のサービスの提供などを含む混合契約という解釈⑸や，賃貸借契約の一種とすることに疑問の余地はなさそうであるという解釈⑹等がある⑺。

一口に宿泊契約といっても，提供するサービスの内容によって異なる混合契約になるものと考えられ，民泊においては，居室と寝具の賃貸借の他，その他提供をするサービスによって混合契約となる解釈が適当であろう。

(2) 賃貸人に無断で民泊に供した場合

賃借人が賃貸人に無断で民泊事業をした場合，賃貸借契約違反になるだろうか。家主居住型と家主不在型とでは，法的解釈に違いが生じうるため，分けて論ずることとする。

まず家主不在型の場合，上述のとおり，民泊に関する宿泊契約は賃貸借の性質を含む契約になるものと解釈するのが妥当であろうから，賃借人が不在の状況で民泊に供することは転貸に当たるものと考えられ，賃貸人の承諾を得ていない場合は無断転貸で契約違反となり（民法612条1項），それが賃貸人と賃借人との間の信頼関係を破壊する程度のものとなっている場合は契約の解除原因となる。

一方で，家主居住型の場合は，賃借人自身も対象物件に居住を続けることから，賃貸人に無断で民泊事業をしていたとしても，無断転貸という解釈は難しいと思われるが，用法遵守義務違反（民法594条1項，616条）として契約違反になるか否かが問題である。

実際には，賃貸借契約の規定の仕方によって契約違反か否かの判断がなされるが，たとえば，国土交通省の「賃貸住宅標準契約書［改訂版］」では使用目的として「居住のみを目的として本物件を使用しなければならない」としたうえで，「同居人に新たな同居人を追加（出生を除く。）する」ときは賃貸人に通知しなければならないとされているが，これを前提とすると，住宅宿泊事業をすることは「居住のみ」を目的とするものではないとして，契約違反に当たる

と解釈するのが妥当である。

　いずれにしても，賃貸人としては，民泊を禁止するのであれば，その旨を明確に契約書に規定しておくことが適切である。

5. 区分所有建物を民泊に供する場合の問題点

(1) 区分所有建物における民泊の問題点

　区分所有マンションにおいては，一般的には，1住戸に1家族が居住することが予定されており，専有部分を民泊に利用することは想定されておらず，民泊利用者が出入りすることにより，セキュリティ上の問題が生じたり，騒音やゴミの出し方など居住ルール上の問題が生じたりするとされており，非居住の区分所有者にとっては，空き室利用のために民泊としての利用のニーズがある一方，管理組合において民泊を規制することができるかという問題が生じている[8]。

(2) 新たな標準管理規約

　国土交通省による「マンション標準管理規約［単棟型］」（最終改正平成29年8月29日国土動指第27号，国住マ第33号）においては，民泊新法における民泊を可能とする場合は，「区分所有者は，その専有部分を住宅宿泊事業法第3条第1項の届出を行って営む同法第2条第3項の住宅宿泊事業に使用することができる。」とし，民泊新法における民泊を禁止する場合は，「区分所有者は，その専有部分を住宅宿泊事業法第3条第1項の届出を行って営む同法第2条第3項の住宅宿泊事業に使用してはならない。」とする規定例が示されている。

　また，同標準管理規約のコメントにおいては，家主居住型のみ可能とする場

合の規定例，自己の生活の本拠としている住宅内での民泊のみ可能とする場合（「家主同居型」とされている）の規定例，住宅宿泊事業の可否を使用細則に委任する場合の規定例，新法民泊を禁止することに加えて広告掲載も禁止する場合の規定例についても記載されている。

　これから管理規約を策定する場合や，管理規約を改定する場合は，上記内容を勘案して対応することが望ましい。

(3)　管理規約を変更して民泊を禁止することの問題

　区分所有マンションの専有部分において既に民泊が行われている場合に，民泊を禁止する管理規約の変更をすることは問題がないだろうか。区分所有建物の規約の変更については，「規約の設定，変更又は廃止は，区分所有者及び議決権の各4分の3以上の多数による集会の決議によってする。」ものとされているが，「規約の設定，変更又は廃止が一部の区分所有者の権利に特別の影響を及ぼすべきときは，その承諾を得なければならない。」とされており（区分所有法31条1項），民泊を禁止することが「区分所有者の権利に特別の影響を及ぼすべきとき」に該当すると，民泊を実施している区分所有者の承諾を得なければならないことになってしまい，事実上規約の変更は不可能となるため，上記要件に該当するか否かが問題となる。

　区分所有法31条1項後段の「規約の設定，変更又は廃止が一部の区分所有者の権利に特別の影響を及ぼすべきとき」とは，規約の設定，変更等の必要性および合理性とこれによって一部の区分所有者が受ける不利益とを比較衡量し，当該区分所有関係の実態に照らして，その不利益が区分所有者の受忍すべき限度を超えると認められる場合をいうものと解されている（最判平成10年10月30日（最高裁平成8年（オ）第258号））。

　「規約の設定，変更等の必要性及び合理性」としては，民泊を実施することによるマンション内でのトラブルの発生の蓋然性があること，ゴミ出しのルー

ルが守られない（廃棄物処理法に基づく処理がなされない）可能性があること，不特定多数の者がマンション内に入ることにより安全上の問題があること，資産価値の低下のおそれなどが挙げられ，「一部の区分所有者が受ける不利益」としては，既に民泊で収入を上げているのにそれを奪われるとして営業の自由が制限されることや所有権が制限されることが挙げられる。

　個々の事例の判断としては，家主居住型か家主不在型かによっても周辺への影響度合いは異なり，実際にトラブルや問題が起きているのか否か，民泊の収入をどの程度得ていたのか等，具体的な事情に沿って判断されるものと思われるが，そもそも当該民泊が必要な行法上の許可や基準を満たしておらず，違法である場合は，その利益を保護する必要はないものと解釈するのが妥当であろう[9]。

　民泊新法が未施行の現時点（2018年3月1日）では，区分所有建物の一室を民泊に供している物件の中で適法に許可や基準を満たしているものはそう多くないものと思われるため，現時点で民泊を禁止する規約の改定をする場合には，当該区分所有者の承諾を得ずに改定が許される可能性が高いものと考えられる。

　しかし，民泊新法が施行（2018年6月15日）され，同法に基づいて適法な民泊が営まれるようになってから，規約を改定して民泊を禁止しようとした場合は，それ以前に改定しようとする場合に比べて，相対的に当該区分所有者の利益は保護に値するものと判断される可能性が高まるため，民泊の禁止を内容とする規約の改定を検討している管理組合については，民泊新法の施行前に行うことが賢明である。

6. おわりに

　大手企業から中小企業，さらに個人に至るまで，不動産を扱う関係者は，今

後の人口減少や空き家問題を前提として，通常の賃貸物件の需要は総体として減少していくことが容易に予測されることから，新たな不動産活用の手法としての民泊に関心を持つ方々はとても多いという印象を受けている。

その中で，これまでは旅館業法等の規制をクリアするのが困難であったため法的にグレーな中でしか民泊を営むことが難しかったが，今後，適法に民泊を実施するための根拠となる民泊新法が成立したため，その内容が概ね明らかになったことで，今後の民泊ビジネスに取り組むか否か，あるいは，どのような方法で取り組むのかについての検討が進んでいるものと思われる。

民泊新法を基に民泊を実施するとして，本章で説明したような各問題点に対する対策が必要なのはもちろん，そもそも事業として継続的に採算を見込めるものとするのは容易ではなく，それなりに各社が知恵を絞る必要があるだろう。

民泊新法において，一つの届出住宅において年間180泊までしか民泊に供することができないという制限（法2条3項）は，民泊事業の採算を測るうえで最も大きな問題点といえる。収益物件の活用法の一つとして家主不在型の民泊を見る場合には，年間180泊以内の民泊として貸すだけでも採算が見込めるような宿泊料の設定にするか，民泊として貸し出す日以外を他の用途で使うというアイディアが必要になる。

たとえば，外国人観光客の多い時期には民泊に供し，それ以外の時期は国内の出張客への民泊の他，貸し会議室として使用したり，マンスリーマンションとして使用していた物件について外国人観光客の多い時期だけ民泊に供したり等，様々な組み合わせが考えられる。

容易に高収益を上げることは難しい反面，知恵を絞ることで有効活用の策を生み出すことができるという意味で，工夫次第で民泊の可能性は大きい。民泊で成功するためには，今後の業界の動きを注視した上で，各自が知恵を絞ることが肝要である。

〈参考文献〉

廣岡裕一（2017），「宿泊サービスと宿泊契約―宿泊契約締結の拒否の制限に着目した考察―」『政策科学』24-4, Mar. 2017, pp.81-97

折田泰宏・稲岡良太（2016），「マンションにおける民泊・シェアハウスの法的諸問題」『マンション学』第55号，pp.66-71

遠藤温子（2016），「民泊の現状と法律問題について」『Evaluation』No.62, pp.18-24

西原寛一（1960），『商行為法』，p.411

須永醇（1963），「ホテル・旅館宿泊契約」契約法大系刊行委員会編『契約法大系Ⅵ』pp.190-208

〈注〉

(1)　遠藤（2016）pp.20-23

(2)　観光庁「「民泊サービス」の制度設計のあり方について（「民泊サービス」のあり方に関する検討会最終報告書）」p.5

(3)　京都市において民泊運営者が廃棄物処理法違反で書類送検された例もあるように（朝日新聞2017年5月31日付記事），民泊事業によって生じた廃棄物については，家庭系ではなく，廃棄物処理法に基づき廃棄物の種類（産業廃棄物または事業系一般廃棄物）ごとに適正な対応をすることが必要であると考えられるが，現実には，今後も同法に従った処理がされないでトラブルになる，といったことも起こり得るだろう。

(4)　BBC NEWS JAPAN（2017年7月14日付記事）によれば，米民泊仲介サイトのAirbnbを通じて予約したアジア系米国人女性に，「アジア人」を理由に利用を拒否した家主に対して，カリフォルニア州は同社と協議の上で，罰金5,000ドルとアジア系米国人の歴史の講習受講を命じたとのことである（http://www.bbc.com/japanese/40604195）。

(5)　西原（1960）p.411

(6)　須永（1963）p.206

(7)　廣岡（2017）p.89

(8)　折田・稲岡（2016）p.70

(9)　折田・稲岡（2016）p.70

民泊と住環境

東京大学大学院 工学系研究科 都市工学専攻 准教授

樋 野 公 宏

1. はじめに——私の民泊体験

　筆者が唯一体験したことのある民泊施設は沖縄本島の中部，那覇空港から高速道路で最短30分のところにある。一度目は研究室のメンバーと，二度目は家族でお世話になった。正確には旅館業法に基づく簡易宿所営業であり，必要な建物の構造や消防・衛生設備を備えた施設である。

　この民泊施設は，元はホストファミリーが自宅として使っていたものである。同じ敷地内の別宅に暮らす母親が高齢になり，そちらに同居することとなったため，民泊を始めたそうである。私とホストファミリーとは初対面でなく，研究でこの施設がある集落を訪れて以来10年近い付き合いである。

　アカバナー（ハイビスカス）の咲く庭に囲まれた沖縄瓦が美しい白い木造住宅（**図1**）は，カナダから移住した「ウチナームーク（沖縄婿）」のご主人がこだわって建てたものである。

　リビングは吹き抜けで開放感があり，床は無加工のパイン材で裸足に心地良い。窓はカナダから輸入した二重窓で断熱性が高い。冷蔵庫，洗濯機，オーブンレンジ，食器洗い器もやはり北米型で旅行気分を盛り上げてくれる。ベッド

図1　筆者が宿泊した沖縄県の民泊施設

　ルームは3つあり，予備のベッドも使えば最大8人が宿泊できる。シャワー・トイレも2つある。中国や韓国から訪れる大家族の利用が多いという。

　到着すると，まずご主人が家の中を一通り案内してくれる。地元の方が利用するスーパー，穴場の海遊びスポットなど，ガイドブックでは手に入らない情報をもらえるのが有り難い。調理器具の使い方，ゴミの分別方法もこの時に教わる。

　研究室で訪れた際には，近くにある公民館で集落の方々とも交流し，家族で泊まった後には，ホストファミリーと手紙のやり取りもさせていただいた。手紙には，教わったビーチで拾ったタカラガイで作ったキーホルダーを同封した。いずれもリゾートホテルでは体験できない交流であった。

2. 東京・世田谷区における民泊の現状

次に，筆者が「住宅宿泊事業検討委員会」の委員を拝命している東京・世田谷区の民泊の現状を紹介したい。

同区は東京23区の南西部に位置する特別区のひとつである。人口約89万人は都内自治体で最も多く，23区の人口の約1割を占める。全国的には人口減少が始まったが，同区は1996年以降一貫して人口が増加しており，少なくともこの先10年間は増加が見込まれている。不動産サイトの「関東住みたい街ランキング2017（行政市区ランキング）」でも2位にランクインしている典型的な住宅都市である。

沖縄で筆者が泊まった民泊施設がある自治体の人口密度は1,400人/㎢ほどであり，しかもその施設は市街化調整区域に立地していた。一方，世田谷区の人口密度はその10倍を超える約15,000人/㎢であり，多摩川河川敷を除く全域が市街化区域である。民泊施設が近隣に与える影響も自ずと異なる。

世田谷区の用途地域の面積割合を見ると，住居系用途地域が9割以上を占め，約5割に第一種・第二種低層住居専用地域が指定されている（図2）。

用途地域とは，住宅，商業，工業といった土地利用が混在すると互いの生活環境や営業・業務，操業の利便が悪くなるため，都市を12種類に区分して立地できる建物の種類を限定するものである。ホテル・旅館が立地できるのは商業系，工業系の各用途地域，住居系用途地域のうち第一種・第二種住居地域，準住居地域のみである。このため，世田谷区の市街化区域面積のうちホテル・旅館が立地できるのはわずか2割程度ということになる。

(1) 民泊施設の種類と立地

そんな世田谷区における民泊の状況を，大手仲介サイトに掲載されている民

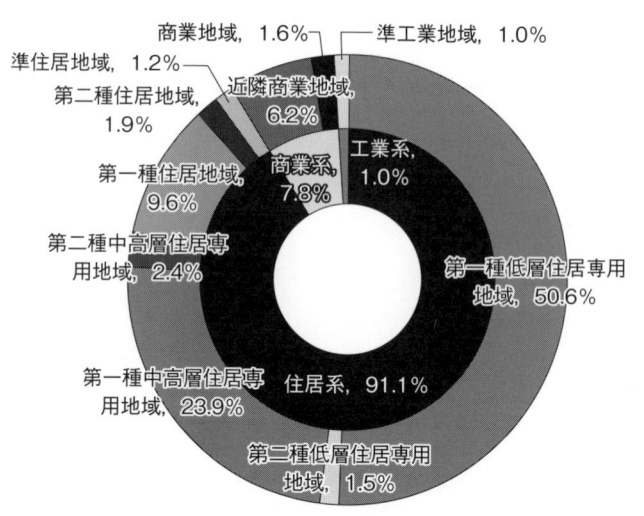

図2　東京・世田谷区の用途地域の面積割合
（出典：世田谷区都市整備方針）

泊施設 751 件（2017 年 1 月 1 日時点）の情報から分析する。もちろん，全ての
物件が網羅されているわけではないが，おおよその傾向を知ることはできると
考えられる。

　まず物件数を見ると，最初の登録があった 2010 年から 100 件に到達するま
でに 3 年以上要したものの，2014 年 3 月から大きく増え始め，2015 年 5 月か
ら 2016 年 4 月までの 1 年間には，月に約 20 〜 50 件以上が登録された。

　建て方別に見ると，75% がマンションなどの共同住宅で，20% が一戸建て
住宅である。この仲介サイトでは，民泊施設の種類が「一棟貸し／一戸貸し」，
「個室」（専用個室＋共用スペース），「シェアルーム」（相部屋など）に区分される。
これを建て方別に見ると，マンションでは 81% が一戸貸し，一戸建てでは個
室が 64% で多く，筆者が体験したような一戸建ての一棟貸しは 27% である。

　エリア別に見ると，渋谷まで 4 分（新宿まで 7 分）の下北沢駅や，渋谷まで
5 分の三軒茶屋駅といった，ターミナル駅へのアクセスが良い駅の周辺に多い。

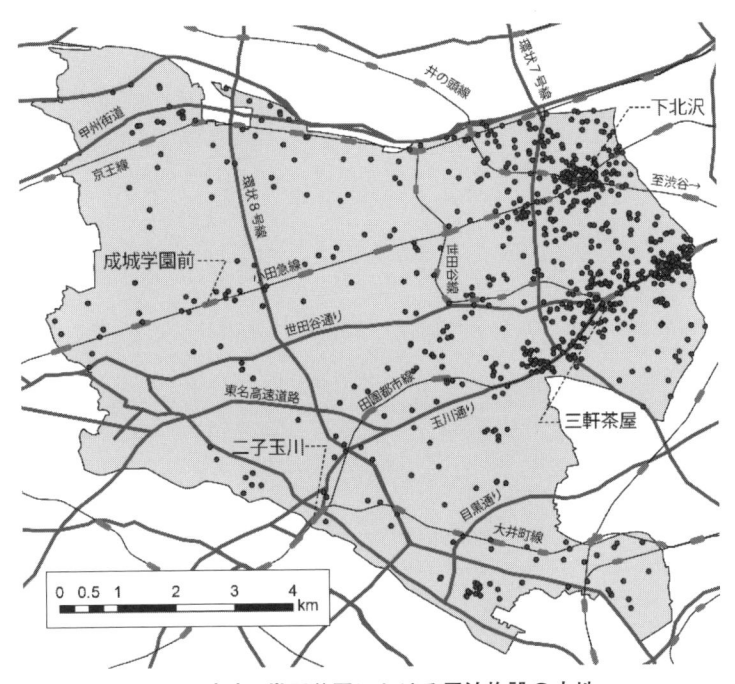

図3 東京・世田谷区における民泊施設の立地

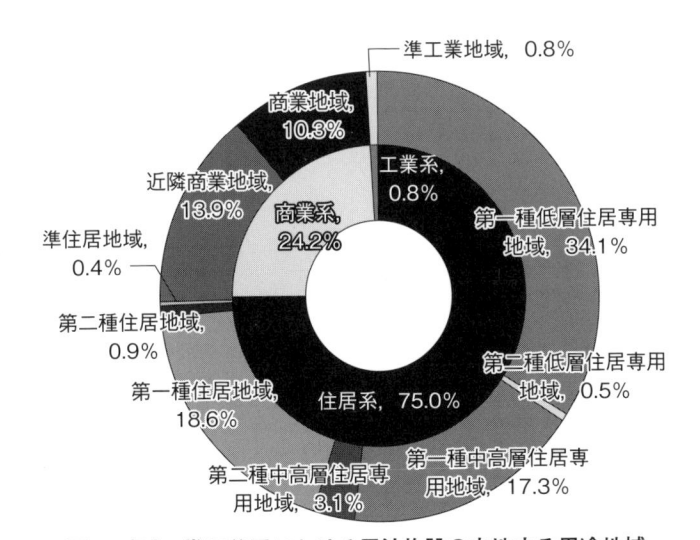

図4 東京・世田谷区における民泊施設の立地する用途地域

一方，周辺に高級住宅街の広がることで知られる成城学園前駅や，複合商業施設開業や大手IT企業の移転で注目される二子玉川駅は，それぞれの沿線では上述した2駅に次いで乗降客数が多いが，周辺の民泊施設はまだ少ない状況にある（図3）。これらの駅も海外で名前が知られるようになれば，一気に民泊が増える可能性がある。

　民泊施設の分布を用途地域との関係で見てみる（図4）。図2に示した各用途地域の面積割合と比べると，住居系への立地割合は16%ほど低く，その分商業系への立地割合が高くなっている。住居系のなかでは，制限の厳しい住居専用地域への立地割合が比較的低い一方で，一定面積（3,000㎡）以下のホテル・旅館が立地できる第一種住居地域の割合が面積割合の倍近くなっている。商業系用途地域についても同様に見てみると，特に商業地域は面積割合が1.6%だったのに対し，民泊施設の立地割合が10.3%を占める。つまり，民泊施設は周辺の住環境への影響が比較的許容される地域に立地する傾向があると言えるが，半数以上の民泊施設はホテル・旅館が認められない地域に立地しているというのが実態である。

(2)　民泊に対する苦情

　先に述べた通り，世田谷区が住宅都市としての特徴を持つこともあり，区役所には民泊に関する苦情が日々寄せられている。苦情があった民泊施設数は，2013年度に2件だったのが2015年度には二桁に達し，2017年度は4月と5月の2か月だけで14件とハイペースで増えている。

　以下，2016年4月から翌年5月末までに区に寄せられた60件の苦情を分析する。

　通報者は65%が近隣住民である。苦情内容は「夜中に騒いでいる」などの騒音関係が23件，ゴミ出しやポイ捨てに関するものが22件，治安面の不安や「違う部屋に宿泊者が入ろうとした」などのセキュリティ関係が15件と多かっ

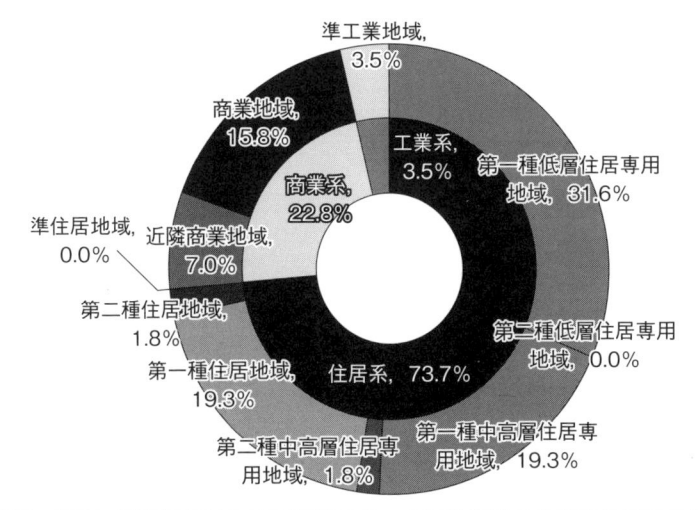

図5　東京・世田谷区における苦情のあった民泊施設の立地する用途地域

た（重複あり）。

　家主の在・不在別に見ると，家主不在型が81%を占め，家主居住型（ホームステイ）では家主の存在が騒音などの問題発生を抑止していると考えられる。

　建て方は，共同住宅が73%，一戸建てが27%と，(1)で見た民泊施設の割合とほぼ一致する。つまり，いずれかの場合に苦情が寄せられやすいということはないが，数の上では共同住宅への苦情が全体の4分の3を占めることになる。

　苦情があった民泊施設の用途地域（**図5**）を(1)で見た全民泊施設（**図4**）と比較しても，工業系用途地域の割合がやや高いものの大差がない。こちらも，特定の用途地域の場合に苦情が寄せられやすいことはないと言える。

　騒音関係の苦情を例に考察すると，共同住宅の場合は隣戸と壁一枚で接しており，エントランスやエレベーター，廊下などを共用するため，利用者の出す音が近隣住民（ここでは同一建物居住者）の耳に届きやすいと言える。一方で，一戸建てはより静穏な住環境が望まれる低層住居専用地域に立地することが多いため，同じ音量でも気になる近隣住民は多いだろう。区内の民泊施設の半数

強が 24 時間チェックインを可能としていることも問題を助長する。こうして，一戸建てでも共同住宅でも，低層住居専用地域でもそれ以外でも苦情が発生するものと考えられる。

(3)　空き家の状況から見る民泊の増加可能性

　民泊施設は，民泊営業を目的に建設あるいは取得されるものもあれば，筆者が利用したもののように元は住宅として使われていた「空き家」が転用されることもある。今後，民泊施設が増加する可能性を検討するため，世田谷区の空き家の状況を概観する。

　平成 25 年住宅・土地統計調査によると，世田谷区の空き家総数は 52,600 戸である。この数字は区内の住宅戸数の 10.4% にあたり，全国平均の 13.5% よりは低いものの，前回調査（平成 20 年）の 7.6% から大きく増加している。空き家総数のうち，一戸建ては 6,650 戸（13%），共同住宅（長屋なども含む）は 45,960 戸（87%）を占める。

　空き家の種類は「二次的住宅」，「賃貸・売却用の住宅」，「その他の住宅」に区分される。「二次的住宅」とは別荘やたまに寝泊まりする住宅であり，「その他の住宅」とは入院等で長期不在の住宅や取り壊し予定の住宅などである。「賃貸・売却用の住宅」はたいてい適切に管理されており，収入増加が期待できれば民泊に転用される可能性が高いと言える。

　建て方別に空き家の種類を集計してみると，まず一戸建ての 8 割が「その他の住宅」である（図 6）。相続したものの親の家財道具を片付けられず物置として使っていたり，遺産分割協議がまとまらず手を付けられないでいる空き家が多いと考えられる。一般に一戸建ては木造が多いこともあり，「その他の住宅」は管理面で問題が起こりやすく，世田谷区でも 2 割強に腐朽・破損があるとされている。一戸建てで民泊に転用されるのは「二次的住宅」，「賃貸・売却用の住宅」が中心になると考えられるが，その数は全体から見ると少数である。

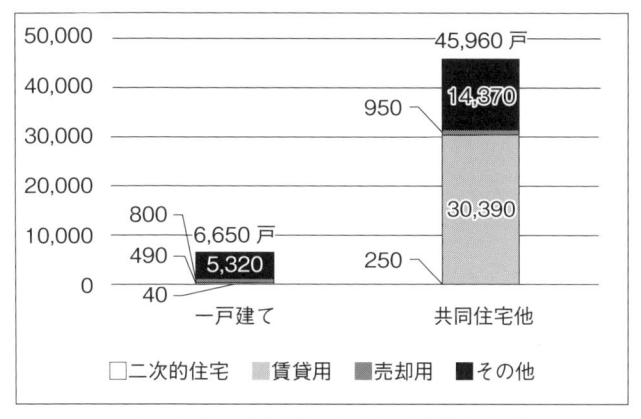

図6　東京・世田谷区内の空き家数と内訳

　一方，共同住宅の空き家は約 7 割が「賃貸・売却用の住宅」であり，戸数は一戸建ての 24 倍にもなる。区内の民泊施設のうち共同住宅は 75% だったので，空き家に占める割合からすれば，共同住宅を使った民泊はまだ増える余地が大きいと言える。

3. 民泊に対する不安と犯罪リスク

　世田谷区に寄せられる民泊関連の苦情には，騒音やゴミに関するもののほか，治安面での不安を訴えるものが多かった。本節では，こうした不安を住環境上の問題と捉え，その一般性を民間の調査から確認した上で，実際に民泊施設で起こった事件を紹介し，想定されるリスクについて考察する。

(1)　民泊に対する不安

　警備大手の ALSOK が東京・大阪在住の男女 500 人に行ったインターネット調査（2016 年 5 月）では，民泊の基準緩和に賛成する割合がわずか 8.6% だっ

た。条件付き賛成と答えた43%に必要なルールを尋ねたところ，「防犯対策をする」が騒音対策や防災対策を抑えて一位（71%）だった。近隣の家や部屋の民泊利用についても賛成はわずか7.6%だったが，「安全安心が担保されたら賛成」という回答が44%で，その担保のために「防犯カメラや火災報知器の設置」といった防犯・防災面の対応を求める割合が高かった。防犯面については，不特定多数が地域に集まることで地域の領域性が弱まり，それに乗じた犯罪企図者が入ってきやすくなるため，近隣住民が安心できるよう防犯カメラ等による対応が望まれる。防災面については，すべての民泊施設で自動火災報知設備の設置義務があるが，第2節で取り上げた世田谷区の民泊施設における煙感知器の設置割合は75%に過ぎず，消火器の設置割合は49%であった。

　一方，不動産を持っている回答者のうち，民泊として貸し出したい人の割合は28%と，先述の基準緩和に賛成する割合よりもずっと高かった。しかし，貸し出したくない人の42%はその理由として，「犯罪に使われるかもしれない」を選んだ。さらに宿泊する立場で，民泊物件に求める項目は「防犯対策（貴重品や鍵の管理や侵入対策など）」が，清掃，価格に続いて僅差の3位（36%）だった。このように，貸し手，借り手，さらに近隣住民のいずれの立場に立っても防犯は大きな不安要素であると言える。

(2)　類は友を呼ぶ？

　京都市（2016）が無許可の施設数を約7割と推測するように，旅館業法や建築基準法（用途地域）に抵触する違法民泊が相当数を占めるのが現状である。先に見た世田谷区でも，ホテル・旅館が許容されない用途地域内の民泊が半数以上を占めた。

　民泊に詳しい宅建業者の話によると，住宅宿泊事業法（以下，民泊新法）において年間営業日数の上限が180泊に定められたことにより，都内の物件で収益を上げることは難しく，さらに条例などで締め付けを厳しくするほど，上限

日数を守らない「ヤミ民泊」の増加が懸念されるという。

こうした違法な施設の貸主の遵法意識が低いことは想像に難くなく，本人確認も適切に行われているとは考えづらい。そして，「類は友を呼ぶ」の言葉通り，ルールやマナーを守れない利用者が集まりやすく，問題が起こりやすいと言えるだろう。

(3)　民泊における犯罪

民泊における最近の事件を振り返ってみる。

2017年4月には，仲介サイトを通じて予約した民泊施設を拠点に，偽造カードを使い現金を引き出した台湾人3人が逮捕された。同様の手口の被害が32億円に上るという。同年6月には，東京・目黒区の民泊施設に米国から覚醒剤を国際郵便で密輸入するという事件が発生した。麻薬の使用，売春の可能性も十分に考えられる。今後も，パスポートなどによる本人確認が不十分な民泊施設は，犯罪グループにとって格好の滞在拠点となるだろう。

利用者が被害に遭うケースも相次いでいる。2017年6月には，福岡県内で民泊施設のベッドルームの火災報知器内に隠しカメラが設置，録画されていたという事件が発生した。同年7月にはやはり福岡県内で，民泊をインターネットで予約して利用した韓国人女性が貸主に性的暴行を受けた。

犯罪に至らないまでも，オートロックのあるマンションでの民泊営業については居住者の不安が特に高いようである。実際，「世田谷区マンション交流会」には，会員である分譲マンション区分所有者等からオートロックに関する相談が多く寄せられている。住宅防犯を専門とする筆者は，いわゆる「共連れ」を防止できないオートロックの防犯効果は期待できないと考えている（一緒に入ってくるのを制止できる人など皆無に近いだろう）。それでも，一般にオートロックに対する信頼感は高く，無防備になっている居住者もいることから，不特定多数に解錠方法を知らせることはマンション内での犯罪発生リスクを高めることに

なる。ちなみに，各室の玄関ドアも利用者が替わるたびに鍵を交換するわけではないので，第三者が合鍵を持っている可能性を覚悟して利用する必要がある。

4. 近隣住民にできることは何か

第2節では，世田谷区を事例に，民泊施設の多くが住居系用途地域に立地していることを確認した。第3節では，犯罪という観点から民泊施設のリスクについて考察した。これらを踏まえ，本節では，近隣住民が住環境を守るための方策について考察する。

(1) マンションでの民泊禁止

マンションの場合，管理規約の変更が住環境を守る方策となり得る。国土交通省は，2017年8月に各マンションの管理規約の参考となる標準管理規約を改正し，民泊を許可する場合と禁止する場合の両案を業界団体や自治体に通知して，民泊新法施行（2018年6月15日）までに管理規約で民泊の可否を明示するよう促している。これにより，新法において民泊利用の届出先となる自治体は，管理規約を提示させて民泊が禁止されていないことを確認できる。

しかし，今後販売されるマンションは別として，既存マンションでは規約の変更が円滑に合意されるとは限らない。特に不在区分所有者が多いマンションでは，居住環境を守りたい居住者と，資産活用として民泊に使いたい，あるいはその可能性を残しておきたいと考える不在区分所有者が混在する中で，規約変更に必要な4分の3以上の合意形成は難しいだろう。

幸いにして規約が変更できても民泊を根絶できるとは限らない。2016年10月，大阪市中央区にある15階建てマンション（約100戸）の管理組合は，管理規約を変更して民泊の禁止と違約金を明記した。しかし，民泊と思われる外国

人の利用はなくならず，共用部分での喫煙，ポイ捨てや騒音が問題化したため，2017 年 8 月，管理組合は海外居住者を含む 5 戸の所有者らを相手に民泊の差し止めや損害賠償などを求める訴訟を起こした。大阪市はいわゆる民泊特区として条例を定めており，旅館業法の規定の適用除外を受けることができるため，民泊目的で不動産を購入する外国人も多い。市は民泊事業開始時の申請書において，管理規約に違反していないことを証する書面の添付を求めているが，こうした事態を防ぐことができなかった。

東京・目黒区にある 12 階建て分譲ワンルームマンション（46 室）の管理組合も，2017 年 4 月に同様の訴訟を起こしている。ワンルームマンションには投資目的で所有されるものも多く，ファミリータイプと比べて許容性が高いと思われるが，それでも訴訟沙汰となった事例である。

それでも，分譲マンションにおいては，まず管理規約の変更を議論することから始めるしかない。前出の「世田谷区マンション交流会」が会員に行ったアンケート（2017 年 7 月，回収数 31）では，回答者の約 1/3 が既に規約を変更済みで，検討中も合わせると約半数に達した。これまでの管理組合運営がうまくいっているマンションと，そうでないマンションで結果に差がつくことになるだろう。

(2)　民泊施設所有者（予備群）とのコミュニケーション

一方で地区単位になると，マンションのように住民がルールを定めて対応するのは困難である。その手段の一つに建築協定が考えられるが，全員合意が必要なため，新規開発でなければ地区全体に網を掛けることは相当難しいと言える。そこで，迂遠なようだが，コミュニケーションの観点から民泊対策を検討する。

民泊に限らず，近隣トラブルはコミュニケーションの問題であることが多い。隣家やマンションの上階から聞こえる音が多少うるさくても，顔の見えるつき

あいのある関係であれば我慢できるものである。しかし，それがワンルームマンションになると，大抵一人暮らしで在宅時間も短いことから関係構築は難しく，たまの「部屋飲み」や夜中のゴミ出しが近隣トラブルに発展することになりかねない。また，外国人居住者の割合が高くなった団地でも，日本人には馴染みのない調理臭や，広場でのお祭り騒ぎなど，文化や習慣の違いに起因する問題が不快感や不安感の原因となっている。ただ，ワンルームマンションの単身者も，団地の外国人もたいてい数年間はそこに居住するため，地道なコミュニケーションやイベントなどを通じて徐々に相互理解を深められる可能性がある。

一方，民泊利用者はわずか数日しか滞在せず，家主不在型の場合，近隣住民がコミュニケーションをとることはまず不可能である。「旅の恥はかき捨て」と言われる通り，周囲への迷惑を顧みない利用者の滞在は避けられない。一戸建ての一棟貸しのように大人数で宿泊できる施設の場合は，さらに「赤信号みんなで渡れば怖くない」の心理も働くだろう。よって，近隣住民にできるのは民泊施設の所有者（あるいはその予備群）とのコミュニケーションに限られる。

実際のところ，開業にあたっての事前説明がなく，所有者あるいは管理者の連絡先も分からないことが周辺住民の不安要因になっている可能性は高い。特区民泊で定められている近隣住民への事前説明や，近隣住民からの苦情を受け付ける窓口の設置，民泊新法で義務付けられる標識の設置などは，ある程度の不安解消につながると考えられる。

民泊対策に注力する京都市は，宿泊施設と町内会等が結ぶ協定書の参考例を公開し，指導要綱に基づきその締結を助言指導することとしている。この協定書例は，利用者による迷惑行為の防止や町内会活動への協力にも踏み込んでおり，全国への波及が期待される。

埼玉県川口市の空き家所有者に，空き家の周辺住民とのコミュニケーション頻度を尋ねたところ，「ほぼ毎日」と回答した所有者の空き家では雑草の繁茂，樹木の管理不全，ゴミの散乱などの問題が発生していないのに対し，頻度が低いほ

ど管理状況が悪いことが分かった（馬場・樋野，2017）。民泊についても，周辺住民の顔の見えない所有者は，周辺に掛ける迷惑に無関心になりがちだろう。

　簡単なことではないが，民泊施設になる可能性のある空き家が近隣にあり，さらにその所有者と連絡をとることができるなら，日常的にコミュニケーションをとっておくことが近隣住民にとって数少ない防御策のひとつと考えられる。

5.　おわりに

　経済効果を目論んで民泊新法を成立させた国に対し，市民に近い立場の自治体は住環境保全のために上乗せ条例を相次いで制定している。筆者が，近隣トラブルや犯罪など，民泊の負の側面を中心に論じてきたのも，観光客の増加や一部の者の利益よりも住環境を守ることが優先されるべきと考えるからである。しかし，民泊自体を否定するものではない。筆者が体験したような家主と交流できる民泊は，近隣住民に迷惑を掛けるリスクも低く，特に海外からの観光客が日本の文化や習慣に触れる絶好の機会となる。諸外国と比べて，日本の民泊は家主不在型の割合が高いと聞くが，その中には「安かろう悪かろう」も多いようだ。これでは日本にまた来たいと思わせることは難しいのではないか。

　2017年8月12日から4日間の日程で催された徳島阿波踊りでは，宿泊施設が不足するなか延べ約280人が「イベント民泊」を利用したという。イベント民泊とは，年数回程度のイベント開催時，自治体の要請等により自宅を提供するような公共性の高いものについては，旅館業法の営業許可を不要とするものである。

　民泊新法の成立の背景には来る2020年の東京五輪があるようだが，予想される宿泊施設の不足にはイベント民泊で対応可能であり，静穏な住環境を脅かすような恒久的な規制緩和は不要ではないだろうか。

〈参考文献〉

世田谷区（2014）「世田谷区都市整備方針」

京都市産業環境局観光 MICE 推進室（2016）「京都市民泊施設実態調査について」

ALSOK（2016）「空き家・民泊に関する意識調査」

馬場弘樹・樋野公宏（2017）「管理不全空き家の特性と地区レベルでの管理傾向　川口市空き家実態調査の分析」『都市計画報告集』16, 108-111

「シェアリング・エコノミー」における民泊の位置づけ

東京大学 工学系研究科 都市工学専攻 修士課程〈執筆時点〉
山　田　貴　大

1. はじめに

　「シェアリング・エコノミー」という言葉がメディア等で盛んに取り上げられるようになって久しい。「シェアリング・エコノミー」の代表格としてライドシェアの Uber，民泊の Airbnb や，同様のモデルを採用する企業や活動が取り上げられ，そうした新しい活動が生み出す利益，外部不経済やそれに対する規制のあり方について，様々な議論がなされている。

　そもそも「シェアリング・エコノミー」とはどのような概念であるのか，共通の認識を持てているのだろうか。筆者には概念に関する理解が十分でないために議論がすれ違ったまま終わる場合が多いように思えてならない。共通の認識を持つことですれ違いを回避し，より建設的な議論が可能になると考えている。

　この章の前半部では，「シェアリング・エコノミー」関連の論文でしばしば参照される『メッシュ すべてのビジネスは〈シェア〉になる』（原著タイトル『The Mesh : Why the Future of Business Is Sharing』（2010）），『シェア〈共有〉からビ

ジネスを生みだす新戦略』（『What's Mine Is Yours : How Collaborative Consumption is Changing the Way We Live』（2011）），『シェアリング・エコノミー』（『The Sharing Economy : The End of Employment and the Rise of Crowd-Based Capitalism』（2016）） を取り上げ，それらの比較を通じて「シェアリング・エコノミー」に関するこれまでの議論を整理する。

　後半部では，前半部での議論を踏まえて住宅宿泊事業法（2017 年 6 月 16 日法律第 65 号）の議論の枠組みを整理し，東京 23 区と米国諸都市の民泊運営状況と法律を比較することを通して，その可能性と課題を提示する。

2. 「シェアリング・エコノミー」という用語について

　「シェアリング・エコノミー」という用語は人口に膾炙しているが，実は誰が使い始めたのかはよく分かっていない。平成 28 年版情報通信白書（総務省）によると，シェアリング・エコノミーとは「個人が保有する遊休資産をインターネットを介して他者も利用できるサービス」であり，代表的なものとして民泊・ライドシェア・スペースシェアなどが挙げられている。

　この定義では含まれないはずの，「企業」が所有する資産（遊休資産に限らない）を，ネットを介して効率的に貸し出すサービス（タイムズのカーシェアリングなど）が含まれることも多い[1]（本章では，前者の個人間取引を P2P 型，後者の企業の貸し出しビジネスを B2C 型と呼ぶ[2]）。

　本節では，ネットを介した資産の貸し借りが注目され始めた 2010 年の「メッシュ」，2011 年の「協働型消費」，スマホ・SNS の普及がさらに進み P2P 型が広く利用されるようになった 2016 年の「クラウド資本主義」という 3 つの概念を紹介し，「シェアリング・エコノミー」が B2C 型を中心としたもの，B2C 型・P2P 型を問わずネットを介して貸し借りする行為に注目したものか

ら，P2P 型の固有性に注目し P2P 型のみを指す概念へと変わってきたことを紹介し，それぞれの分類でなされてきた議論の概略を紹介する。

(1) 「メッシュ」：ビジネスモデルとしての「シェア」

「メッシュ」とは，リサ・ガンスキーが『メッシュ』(2010) の中で提示した概念である。「メッシュ」はサッカーボールを持ち運ぶ際に使う網のようなもののことで，メッシュのように人々・モノがインターネットを通じてつながることで，どのような「こと」が生じるかを述べた文章である。著者はオフォト (写真共有サービス。コダックに売却) などを創業した起業家であり，今はベンチャー起業に投資するエンジェル投資家でもある。そのため，インターネットですべての人・モノがつながる社会で企業がいかに生き残るか，という視点で「メッシュ」は論じられる。

メッシュの特徴として，「1. シェアする，2. ウェブとモバイル情報ネットワークを駆使する，3. 有形のモノや具体的なサービスを扱う，4. 顧客との接点がソーシャルネットワーク上である」，の 4 つを挙げている。これらすべての特徴を備えるものを「フル・メッシュ」と呼ぶが，一部のみを取り入れたサービスを提供することが現実的な場合もある。ここで，「フル・メッシュ」であり，メッシュビジネスの代表例として取り上げられるサービスが Zipcar（米国の B2C 型カーシェアリング。日本のタイムズカープラスのカーシェアリングと同様のサービス）である。メッシュビジネスは，モノを製造し販売して終わりの従来型ビジネスとは異なり，モノやサービスにアクセスする手段を提供し，顧客と継続的に関わるビジネスであり，戦略の中核はいかに多くの回数を「売る」かに変わる。顧客と継続的に関わることで得られるフィードバックをもとにサービスを改善することで，ブランドを強化し，売り上げを増加させることができる。また，繰り返し「売る」ことが重要となるため，企業は資産の稼働率・耐久性の向上を望み，資源消費の大幅な削減につながる，としている。

これは，あらゆるものがネットにつながることで，モノの貸し借りが容易になったことや，管理・運営を効率的にできることに焦点を当てた議論であり，2017年現在ではIoTの文脈で語られる内容である。ちなみに，「メッシュ」の中でも「オウン・トゥ・メッシュ」という呼び方でP2P型シェアリングにも触れているが，詳細は語られてはおらず，著者の主眼はあくまでB2C型と言える。

こうしたB2C型の民泊（事業者や不動産会社が複数の物件を所有し，それらをプラットフォーム上に登録し貸し出すビジネス）は，後述するように東京23区における民泊登録物件の約7割を占める。

(2) 「協働型消費」：消費文化論として見た「シェア」

「協働型消費」（Collaborative consumption）[3]は，レイチェル・ボッツマン，ルー・ロジャース著の『What's Mine Is Yours』で提唱された概念である。近代のハイパー消費（大量生産・大量消費，それを支える大量消費文化）に対して，インターネットを利用して人々がより賢く（スマートに）消費する協働型消費が台頭してきているとし，新しい消費文化では必ずしも所有する必要はなく，シェアすることも「かわいそう」なことから「かっこいい」ものとして積極的に捉えられる。協働型消費を通して資源の有効活用，長寿命化による資源消費量の減少，交流がなされ，結果として環境に対する負荷が低減され（環境意識を持って取り組むわけではない），活発な市民に戻ることができるとしている。当書で挙げられるサービスは「民泊」「ランドシェア」（個人間農地シェア）などのP2P型が多い一方，ZipcarやNetflixなどのB2C型も含まれる。

2016年6月12日に放映が開始されたAirbnbのテレビCM[4]では，「何を消費するか」「どのようなサービスが得られるか」については一切説明せず，「暮らす」をキーワードにシンプルなデザインの空間で気取らず楽しそうに過ごす人々が描かれており，「交流」「ローカルなものの発見」が魅力的なものとして

宣伝されている。B2C型でも，スマートロックや自動チェックインなど先端技術，入念にデザインされた空間をアピールすることでシェアする（借りる）ことがスマートな行為と見えるよう工夫している[5]。

(3) クラウド資本主義：P2P型に注目した「シェア」

前2項で取り上げた文献は，B2C型，P2P型のサービスを区別する用語を用いる部分はあるものの，それら活動の違いや影響を分けて議論することはなかった。しかし，本項で紹介するアルン・スンドララジャン著『シェアリング・エコノミー』はP2P型の貸し借りを行う活動を「クラウド資本主義」として位置づけ，議論の焦点をP2P型の活動に絞ったところに大きな特徴がある。

アルンは，「シェアリング・エコノミー」と「クラウド資本主義」をほぼ同じ意味で使っており，それは，1. おおむね市場に基づく，2. 資本の影響力が大きい（資本が最大限活用される），3. 中央集権的組織や「ヒエラルキー」よりも大衆の「ネットワーク」が力を持つ，4. パーソナルとプロフェッショナルの線引きが曖昧，5. フルタイム労働と臨時労働，自営と雇用，仕事と余暇の線引きが曖昧，の5つの特徴を持つとしている。

抽象的な文言が並び分かりにくいため，民泊に当てはめて筆者なりに整理すると以下のようになる。

1. 民泊は純粋な無償の活動でも，純粋な経済活動でもなく，その両者の要素を含む活動である。宿泊代等は，ホストにとって民泊を始める大きなインセンティブの一つであり，ゲストにとってもホテルに比べて安い料金で宿泊できることが多いことは魅力である。一方で，宿泊料を原価以下に設定するホストなど，交流を楽しむことを主な目的とした活動もある。

2. 宿泊施設を新築するのではなく，既存の住宅（の一室）というストックを最大限利用することで宿泊需要を満たしている。

3. 滞在後の相互レビュー，プラットフォームを介した決済を通して，法規

制によらずとも「宿泊」という活動が成立するのに十分な信頼が形成されている。

4. ホストとゲストが濃密な交流を通して親しくなるなど「個人的」な活動としての性格が強い面がある。一方で，ゲストは世界中の不特定多数であること，ホテルと遜色ないサービスを提供しているところも多いことから「個人的」な活動と言い切れない部分もあり，こうした活動が「個人的」なものか「営業的」なものかは曖昧である。

5. 民泊の成立はプラットフォーマーに大きく依存し，売り上げの一定割合をプラットフォーマーに支払うサービス形態はある種のフランチャイズとも言える[6]が，生活スタイルに合わせて非定期で行われるなどホストの裁量は大きい。また，収入を得つつもゲストとの交流自体を楽しむホストも多く，仕事と余暇の線引きが曖昧な場合も多い。

アルンの主張の重要な点は，「シェアリング・エコノミー（クラウド資本主義）」を，「大衆（クラウド）」を主役とする経済活動（資本主義）と捉えたことであり，その上で，「大衆」が実際にどのような活動をしているのかを「個人的」な活動から「企業的」な活動までのグラデーションの中に位置付け，「大衆」の活動が既存の企業活動を中心とした法体系と矛盾した存在であること等に注目したことである。

これは民泊に対する法規制のあり方を考える上でも極めて重要な視点であり，後述するように，自宅で民泊を行う P2P 型ホストは，B2C 型と P2P 型が同様に議論されることに不満を抱いている。

3. 民泊の活動実態と法規制

第1節では，「シェアリング・エコノミー」を考える上での概念整理を行った。

「シェアリング・エコノミー」はP2P型のみを指す概念へと変わってきたことを紹介したが，日本で「民泊」「シェアリング・エコノミー」というときにはB2C型・P2P型の両者を含むことも多く，実際，「民泊」はB2C型・P2P型の両者を含む活動である。

　本節の前半では，東京23区，米国4都市（シアトル，ニューヨーク，サンフランシスコ，ポートランド）での活動実態を示すことで，実際に行われている民泊の性格がどのようなものか（B2C型なのかP2P型なのか）について考察する。

　さらに後半では，そうした現状把握を踏まえたうえで，各都市の法規制の目的や内容を比較し，「民泊」を政府がどのように捉え，対応しているかを明らかにし，その内容の妥当性について考察する。

(1) 「民泊」の活動実態

　「民泊」の活動実態を把握するため，「民泊」世界最大手であるAirbnbに登録されている物件情報を取得し評価した。対象とした都市は東京23区，シアトル，ニューヨーク，サンフランシスコ，ポートランドである。これらの都市を対象とした理由は，わが国で最も普及が進む地域であること（東京23区），諸都市の事例を踏まえて現在，法制化の検討を行っており最新の規制の動向を捉えられること（シアトル），東京と同様経済活動の中心であり，また，民泊に対する厳しい規制で知られていること（ニューヨーク），Airbnbの創業の地であり，民泊の合法化が最も早い地域の一つであること（サンフランシスコ），Airbnbとパートナーシップを結び，Airbnbが認める最初の"shared city"[7]であること（ポートランド）である。米国諸都市に関してはInside Airbnb[8]から最新のデータ[9]をダウンロードし利用した。東京23区のデータはInside Airbnb上にはないことから，筆者自らInside Airbnbと同様の手法[10]を用いてデータを取得し，サービス提供形態別に集計したものが**表1**である。

　民泊は，Airbnb上ではサービスの提供形態（部屋タイプ）によって「まるま

表1

		東京23区		シアトル		ニューヨーク		サンフランシスコ		ポートランド	
		数	%	数	%	数	%	数	%	数	%
部屋タイプ	まるまる貸切	8,497	72	2,541	67	19,019	52	4,870	58	1,661	58
	個室	2,576	22	1,154	30	16,323	45	3,104	37	1,107	39
	シェアルーム	666	6	117	3	1,082	3	461	5	76	3
	合計	11,739	100	3,812	100	36,424	100	8,435	100	2,844	100
運営者	掲載物件が1件の運営者数	3,626	65	2,179	79	25,116	83	5,261	81	1,702	78
	掲載物件が複数件の運営者数	1,991	35	569	21	5,007	17	1,242	19	476	22
	全ての運営者数	5,617		2,748		30,123		6,503		2,178	
掲載物件	掲載物件が1件の運営者による掲載物件数	3,626	31	2,179	57	25,116	69	5,261	63	1,702	60
	掲載物件が複数件の運営者による掲載物件数	8,113	69	1,631	43	11,301	31	3,156	37	1,142	40
	掲載物件数計	11,739		3,810		36,417		8,417		2,844	

る貸切」「個室」「シェアルーム」の3つに分類される。「まるまる貸切」は貸し出し時にホストは在宅せず，ゲストのみが家の中にいる形態である。ホストが一時的に家を空けているときに家をそのまま貸し出す，ワンルームマンションの一戸を貸し出すといった場合がこれに当たる。P2P型の一部（自宅を開けるときに貸し出す）とB2C型のほぼすべてがこれに含まれる。「個室」はサービス提供時にホストが在宅し，住宅の一室をゲストに貸し出す形態である[11]。P2P型はこれに当たることが多い。「シェアルーム」は住宅の一室をホストやゲスト同士で共有する形態である。ゲストハウスがAirbnbに登録される場合は「シェアルーム」として登録されることが多い。

　5 都市の中ではニューヨークが突出して民泊が多い。部屋タイプの構成比に注目すると，「まるまる貸切」が東京 23 区で 72% と最高であり，ニューヨークで 52% と最低である。反対に，「個室」は東京 23 区で 22% と最低であり，ニューヨークで 45% と最高である。

　表 1 の下欄の掲載物件は，1 人の運営者が掲載する物件数別に運営者数，掲載物件数を示したものである。主たる住居とする物件は 1 人 1 件しかないことから，掲載物件が複数件の運営者は，少なくとも 1 件以上は投資・商業目的で民泊を運営していると考えられる(12)。「掲載物件が複数件の運営者数」の構成比は東京 23 区が 35% と最高であり，ニューヨークが 17% と最低である。また，「掲載物件が複数件の運営者による掲載物件数」の構成比も東京 23 区が 69% と最高であり，ニューヨークが 31% と最低である。

　諸都市の地理的範囲の取り方によっては上記の構成比が異なるものとなった可能性もあるが，少なくとも東京 23 区は B2C 型の民泊が主に当たる「まるまる貸切」「掲載物件が複数件の運営者による掲載物件数」の割合が米国諸都市と比べて高く，東京 23 区における民泊は B2C 型が多いと言える。

(2)　東京 23 区，米国 4 都市の規制

　表 2 は，東京 23 区と米国諸都市の民泊に対する規制内容について整理したものである。日本は住宅宿泊事業法，シアトルは 2017 年 8 月 27 日現在検討中の規制内容，ニューヨーク，サンフランシスコ，ポートランドは 2016 年 6 月 1 日現在の規制内容である。

　シアトル，ニューヨーク，サンフランシスコなど米国諸都市では都心部での住宅不足とそれに伴う住宅価格の高騰が問題となっており，「民泊によってもたらされる経済的利益とある価格帯で利用可能な長期の賃貸住宅ストック確保のバランスをとる」（シアトル）など賃貸住宅ストックの確保を規制の目的に含んでいる（ただし，ポートランドは住宅の効率的利用が目的である，とだけ書か

表2

	東京23区 （日本）	シアトル （提案中）	ニューヨーク	サンフランシスコ	ポートランド
規制の目的	民泊の健全な普及，多様化する宿泊ニーズや逼迫する宿泊需給への対応，空き家の有効活用など	◦短期賃貸によってもたらされる経済的利益と，ある価格帯で利用可能な長期の賃貸住宅ストックの確保のバランスをとる ◦短期賃貸市場での個人と企業の競争条件を揃える ◦所有者・ゲスト・近隣住民の権利と安全を守る	特に記述なし ※「まるまる貸切」の広告を禁じる法律主唱者がアフォーダブル住宅の優先に言及	旅行客，一時的利用のためにコンバージョンが行われることで住宅が減ることによる住宅供給への悪影響を最小化し，あらゆる所得階層の個人・世帯の利益に資すること	近隣の性質を損なうことなく，かつ一次的な利用は住宅であることを保ちつつ，効率的に住宅を利用すること
民泊の定義	旅館業法に規定する営業者以外の者が宿泊料を受けて住宅に人を宿泊させる事業で，年間提供日数が180日を超えないもの	Short term rental：29泊以下の短期貸出	30日未満の滞在	◦居住者（連続60日以上居住するもの）によって，旅行客や一時的利用に供される ◦居住者は自然人である等	◦個人・家族が居住する住宅で，ゲストに30日未満居室を貸し出すこと ◦寝室の貸し出しが5部屋まで
根拠法・参考文献	◦住宅宿泊事業法 ◦「民泊サービス」のあり方に関する検討会最終報告書	Regulating-Short-Term-Rentals, Policy-Brief, 2017-04	New York Multiple Dwelling Low	CHAPTER 41A : RESIDENTIAL UNIT CONVERSION AND DEMOLITION	Portland Zoning Code Section 33.207

		東京 23 区（日本）	シアトル（提案中）	ニューヨーク	サンフランシスコ	ポートランド
備考		―	―	◦ Class A multiple dwelling は継続的な居住の用に供される ◦ 継続的な居住の用：同一の人間・家族によって連続 30 日以上居住されること	民泊は原則禁止 例外規定により可 ◦ Rent Control Laws：地主に支払う以上の賃料をゲストに課してはならない	◦ multi-dwelling structure, triplex 内で Type A の民泊を行えるのは全戸数のうち 1 戸，あるいは全戸数の 25% のうち大きい数字。申請が早いものを受け付ける ◦ Type B（貸し出し寝室数 3 〜 5）は個別に審査
家主居住型	要件	◦ 個人の生活の本拠である（原則として住民票がある）住宅であること	主たる住居のみ（一定の条件を満たした場合は 2 件目まで可能）民泊を可能。それ以外は禁止	居住世帯が家にいる場合，人を泊めることができる ※ rent-regulated tenants は賃料を超える利益を得ることが禁止される	民泊を行うものは，その家に年間 275 日以上居住しなければならない	―
	年間提供日数	年間提供日数は 180 日未満 ※ホテル・旅館との競争条件，住宅として扱いうる範囲に留意して年間提供日数を設定する		特に規定はない	制限なし	制限なし

		東京23区 （日本）	シアトル （提案中）	ニューヨーク	サンフランシスコ	ポートランド
家主不在型	要件	◦個人の生活の本拠でない，または個人の生活の本拠であっても提供日に住宅提供者が泊まっていない住宅であること（法人所有のものも含む） ◦提供する住宅において「民泊施設管理者」が存在すること	主たる住居のみ（一定の条件を満たした場合は2件目まで可能）民泊を可能。それ以外は禁止	居住者が個人的理由（休暇，療養等）によって一時的に家に不在である場合	家主居住型に同じ	家主居住型に同じ
	年間提供日数	家主居住型に同じ		30日未満の貸し出しが可能。ただし，貸し出しに対する金銭的補償を得てはならない	最大90日（275日以上ホストは居住する必要があるため）	年間最大95日（3か月）まで

れている）。また，米国諸都市は民泊を，民泊運営者の主たる住宅であるかどうかで区分している。具体的な規制内容としては，サンフランシスコ，ポートランドは民泊運営者に，民泊運営者自身が民泊に供する住戸に年間約9か月居住することを求めている。また，シアトルでは，2016年6月1日段階では居住しない住宅の年間91日以上の貸し出しを禁止する方針であったが，2017年4月24日の法律案ではB2C型民泊を規制する方針をさらに明確にし，主たる住居のみ（一定の条件を満たした場合は2件目まで可能）民泊を可能とし，それ以外は禁止する方針である。ニューヨークはB2C型・P2P型を問わず，貸出時に家主がいない場合で金銭的対価を得る民泊を全面禁止している。一方，民

泊運営者の主たる住宅での民泊に関しては，いずれの都市でも年間提供日数に制限はない。ニューヨークでも家主自身が民泊提供時に住居に滞在している場合には制限はない。

　一方，日本は，（住宅宿泊）事業を営む者の業務の適正な運営の確保，需要へ対応して経済発展に寄与することを目的[13]としている。民泊の区分は，米国のように民泊運営者の主たる住戸で行われるかではなく，貸出時に家主が在宅しているかどうか[14]（家主居住型・家主不在型[15]）に基づく。家主居住型・家主不在型にかかわらず年間提供日数を180日未満とし，住環境の保全等を目的とする場合には，都道府県は条例でさらに年間提供日数を制限することが可能である。また，設備・運営に関する規制内容は家主居住型・家主不在型に同様のものが課されている。

　以上をまとめると，米国諸都市では都心部での住宅ストックの確保が問題となっており，住戸が家主の主たる住居であるかどうかで分類し，住宅ストックの減少につながる「主たる住居以外での民泊」を規制する一方で，住宅ストックに悪影響を及ぼさないが，空きスペースを有効活用して経済に貢献する「主たる住居での民泊」を認める方向で規制をかけている。結果として，規制のあり方もB2C型，P2P型を区別する形となっており，年間提供日数の制限に象徴されるように，日本と比べてP2P型に対する制限が少ないと言える。

　一方，日本では人口減少と空き家の発生，訪日外国人の急増とホテル不足を背景とし，地域活性化・経済発展を目的としており，投資・営利目的の民泊も認める方向で制度設計が行われている。結果，民泊をサービス提供時の家主の有無で分類し，それぞれの場合で必要最低限の安全基準を設定している。また，ホテル業界との競争条件を考慮し，いずれのタイプに対しても年間提供日数を180日未満に設定している。結果として，わずかな違いはあるものの（家主不在型は登録，家主居住型は届出），設備・運営に関する規制はB2C型，P2P型ともに基本的に同様の規制が課されている。

(3) 住宅宿泊事業法の可能性と課題

　社会的背景の違いを受けて，法規制が米国では B2C 型と P2P 型を分けるところが多く，日本は B2C 型の規制をベースに P2P 型に関する規制を一部緩和する，という違いが見られた。最後に，こうした違いから生じる日本の民泊の可能性と課題について，B2C 型・P2P 型の違いを考慮する観点から，筆者の意見を述べて締めくくりたい。

　可能性としては，B2C 型の民泊が認められたことが大きい。また，本人確認手法の緩和が見込まれる[16]ように，IT を活用して十分な運営ができることが認められれば，今後も規制が緩和される可能性もある。リサ・ガンスキーの『メッシュ』(2010) で示されたように，民泊に携わる企業は多くの回数サービスを「売り」，データを蓄積することを通じて，さらにサービスの改善につなげることができる。実際，民泊運用代行業者が提供するサービスは単なる予約管理から，コールセンター機能の海外へのアウトソーシング，スマートフォンで解錠・施錠が可能な鍵の導入，AI を駆使した価格設定の最適化・自動化，メッセージ対応の自動化など省人化が徹底されている[17]。また，ハード面でも物件のリノベーションや清掃が容易な家具の設置，顧客からのレビュー情報に基づいた設備の導入などを行い，ゲストの満足度を高め，資産の稼働率を上げる取り組みが行われている。こうした取り組みは，住宅ストックの有効活用，人手不足への対応となり，新たなビジネスモデルや需要を創出する可能性がある。

　課題としては，B2C 型をベースとした規制であることから，営利目的ではなく，非定期（年に 2，3 週間など）で行うホストや，防火など十分な設備がない家のホストにとって，対応すべき手続き・改修等が過大となり，民泊を始めることや継続することを諦めるホストが現れる可能性がある。

　筆者は 2016 年 12 月 17 日に P2P 型民泊を行うホスト 15 名を招いてワーク

ショップを行い，運営状況・課題の共有と今後の社会との関わり方について議論を行った。そこで，ホストのプラットフォームの利用の仕方（ゲストのプロフィールや過去のレビューを確認したうえで受け入れるかどうかを判断する），ホストとゲストの関係性（相互レビューの存在，ホスト自身が家にいること，実際に人が住んでいる家を「使わせてもらっている」という感覚がゲスト側にあること）から，驚くほどゲストの行儀がよく，大きな問題が生じていないことが指摘された。また，巷でしばしば指摘される民泊にまつわるトラブル（騒音・ごみ等[18]）はB2C型民泊において生じているものであり，P2P型民泊を分けて議論すべきという声が多くの方から聞かれた[19]。一方で，（寝具の）清掃や衛生管理をどこまですべきか，本人確認の方法が分からないこと，本人確認を通して知りえた個人情報の保管に関する不安，ゲストに病気・ケガが発生した時の対処法など，事業者であれば容易に対応可能な部分に対するノウハウや能力の不足，不安を挙げるホストもいた。B2C型をベースとした法律では，B2C型で問題になっているがP2P型では抑制されている騒音・ごみ等といった問題への対処は手薄である一方で，B2C型ではすでに対応可能であるがP2P型のホストにとっては対応が難しい衛生管理・本人確認・情報管理への対処を求める傾向にあり，P2P型民泊の新規参入・継続可能性が低くなる懸念がある。

　Airbnb等「シェアリング・エコノミー」関連企業は，B2C型をベースとした既存の法規制とは別のガバナンスを生み出すことでP2P型サービスを可能にした。また，交流やローカルでユニークな体験といった，B2C型では提供が難しい経験を大衆化した。こうした「交流」「体験」は時代のキーワードと言えるものであり，20代前半の筆者にとっても民泊を利用する最大の動機である。こうした活動の芽を摘まないよう，P2P型の「シェアリング・エコノミー」をしっかりと念頭に置きつつ（場合によってはB2C型と分けて）議論することが望ましいと考えている。

〈参考文献〉

リサ・ガンスキー（2011）『メッシュ すべてのビジネスは〈シェア〉になる』実川元子訳，徳間書店

レイチェル・ボッツマン，ルー・ロジャース（2010）『シェア〈共有〉からビジネスを生みだす新戦略』小林弘人監修，関美和訳，NHK 出版

アルン・スンドララジャン（2016）『シェアリングエコノミー』門脇弘典訳，日経BP 社

総務省（2015）『平成 28 年版情報通信白書』
〈http://www.soumu.go.jp/johotsusintokei/whitepaper/ja/h28〉（2017 年 10 月 15 日アクセス）

Seattle.gov（2016）"Mayor Murray and Councilmember Burgess propose new rules for short-term rentals"
〈http://murray.seattle.gov/〉（2016 年 6 月 8 日アクセス）

Seattle.gov（2017）"Regulating Short Term Rentals - Council | seattle.gov"
〈https://www.seattle.gov/council/issues/regulating-short-term-rentals〉（2017 年 8 月 25 日アクセス）

New York Law Journal（2016）「Airbnb Encounters Legal Barriers in NYC」
〈http://www.newyorklawjournal.com/id=1202754157086〉（2016 年 6 月 19 日アクセス）

New York State Multiple Dwelling Law
〈http://www1.nyc.gov/assets/buildings/pdf/MultipleDwellingLaw.pdf〉（2016 年 6 月 19 日アクセス）

Stephen Fishman, J.D. "Overview of Airbnb Law in San Francisco"
〈http://www.nolo.com/legal-encyclopedia〉（2016 年 6 月 20 日アクセス）

American Legal Publishing Corporation "Chapter 41A: Residential Unit Conversion and Demolition"
〈http://library.amlegal.com/〉（2016 年 6 月 20 日アクセス）

The City of Portland, Oregon "Accessory Short-Term Rental Permits"
〈http://www.portlandoregon.gov/bds/65603〉（2016 年 6 月 10 日アクセス）

〈注〉

(1) たとえば，『民泊・クルマ…　よくわかる「シェア経済」』（日本経済新聞 2016 年 5 月 6 日）では，「シェアリングエコノミー（シェア経済）」を平成 28 年度版情報通信白書と同様に定義する一方で，「企業から必要に応じて物を借りられるサービスも人気」であり，タイムズカープラスのカーシェアリング，高級ブランドのバックを借りられるラクサスが例示されている。

(2) P2P は Peer-to-peer，B2C は Business-to-consumer の略。B2C に対応する用語としては C2C（Consumer-to-consumer）が一般的であるが，(3)で述べるように，個人間取引には純粋に「企業的」な活動だけでなく，「個人的」な活動の要素も含むことから「Consumer（消費者）」という用語を筆者は用いないようにしている。

(3) 「協働型消費」とは，所有せず利用（利用した分にだけお金を支払う）する「プロダクト＝サービス・システム」，中古品取引の「再分配市場」，目に見えにくい資産（時間・空間・技術・金銭など）を同じような目的を持つ人で共有する「協働型ライフスタイル」の 3 つに分類されるとしている。

(4) この CM は，YouTube の Airbnb のチャンネルで見ることができる（2017 年 8 月 27 日現在）。タイトルは「この夏は，Airbnb で暮らすように旅しよう」

(5) たとえば，いわゆる民泊管理業者である株式会社イールドマネジメント〈https://yield-mgmt.com/〉では，民泊に適したリフォームを提案したり，プロのインテリアコーディネーターがインテリアを提案したりするなどのサービスも提供している。

(6) ただし，Uber ではドライバーに価格決定権がない，Uber での活動が主たる収入となっているものが多い，など「従業員」的性格が強く，民泊は比較的「従業員」的性格が弱い。

(7) 詳細は Airbnb 共同創業者の Brian Chesky の投稿を参照 "Shared City – Brian Chesky – Medium"〈https://medium.com/@bchesky/shared-city-db9746750a3a〉（2017 年 8 月 27 日アクセス）

(8) Inside Airbnb ホームページ〈 http://insideairbnb.com/〉（2016 年 8 月 27 日アクセス）

(9) 取得したデータの更新日時は，シアトル 2016 年 1 月 4 日，ニューヨーク 2016

年6月2日，サンフランシスコ2016年6月2日，ポートランド2016年1月1日。一部集計に必要なデータに欠損が見られたため，欠損のあるデータは除いて分析を行った（各10件未満）。

(10) 東京23区のすべての町丁目名で検索し，表示された物件の情報を取得するプログラムを作成した。データ取得日は2016年6月1日。

(11) この分類は登録するホストの自己申告制であり，「個室」と登録しながらホテルの部屋を一室ずつ登録する場合があることを東京23区内のリスティングで筆者は確認している。

(12) この手法では，P2P型でホームステイ型のものでも，一戸内の複数の部屋を登録する場合は複数件運営しているとみなされてしまうため，B2C型を過大に見積もっている可能性がある。一方で，データの範囲がある地域内に限定されているため，他の都市で別の物件を運用している場合でも1件のみの運用とみなされ，B2C型を過小に見積もっている可能性もある。今回は大まかな傾向を掴むことが目的であること，これ以上詳細なデータが存在しないことから本手法を採用した。

(13) 住宅宿泊事業法第1条《目的》

(14) 住宅宿泊事業法第11条《住宅宿泊管理業務の委託》

(15) 家主居住型・家主不在型をそれぞれP2P型・B2C型としてこの後の文章では扱うが，厳密には異なる。P2P型には家主居住型のすべてと，家主不在型であるが家主自身の住宅を貸し出すものを含み，B2C型は家主自身の住宅ではない住宅を貸し出す家主不在型を指す。

(16) 『民泊，本人確認にテレビ電話など3手法　国交・厚労省』（日本経済新聞2017年8月18日）によると，宿泊者の本人確認手法に，対面での確認に加え，電子端末を通じた映像による確認，周辺の宿泊施設に作業の代行を依頼することを認める方針である。

(17) たとえば，株式会社SQUEEZE〈https://squeeze-inc.co.jp〉が提供するサービス「mister suite」などがある。

(18) 株式会社オスカーが提供する民泊住所発見サービス「民泊ポリス〈https://minpaku-police.com/〉」では，民泊ポリスに寄せられた苦情のランキングを見ることができる。それによると，苦情内容別ランキングは1位セキュリティ問題（737件），2位 騒音問題（613件），3位ごみ問題（392件），4位異臭問題（136件）と

なっている（2017年8月27日閲覧時点）。

(19) 「民泊」が住宅を活用した宿泊提供行為を指す用語として一般化したために，実質的には不動産業であるB2C型民泊と，交流重視・副業であるP2P型民泊が混同されているという認識のもと，後者を「ホームシェアリング」「友泊」と呼んで議論を分けるべきという意見が聞かれた。

農村地域における民泊の変遷と役割

筑波大学 システム情報系 准教授

山 本 幸 子

1. はじめに

　昨今，外国人観光客の急増を背景に，都市部における空き家・空室を活用した「民泊」が話題となっているが，農村地域における「民泊」の背景は都市部とは異なる。「民泊」の法令上の規定を定めた「住宅宿泊事業法」が 2017 年 6 月 16 日に公布され，2018 年 6 月 15 日から施行されるが，本章では法施行前の農村地域における「民泊」の取り組みについて扱う。よって本章では，厚生労働省[1]が定める「住宅（戸建住宅，共同住宅等）の全部又は一部を活用して宿泊サービスを提供することを指して，『民泊サービス』ということが一般的」に準じるものを「民泊」と位置付ける。

　農村地域における「民泊」は，1990 年代から「農林漁業体験民宿」（以下，「農家民宿」と呼称）という形態で登場している。これは農家が主に自宅で宿泊業を営むもので，前述の「民泊」の位置付けに準ずれば，農村地域における最初の「民泊」と考えられる。その後は，都市農村交流の進展に伴い，宿泊業ではない一般の農家に泊まる「農家民泊」が広まった。「農家民宿」も「農家民泊」

も主に農家が経営するが，近年では非農家が経営する「ゲストハウス」と呼ばれる宿泊形態が少数例ではあるが増加している。

このゲストハウスは，若い地方移住者が経営しているケースが多い。これは，「田園回帰」と呼ばれるような，農山村の豊かな環境での田舎暮らしを求めて移住を希望する若者が増加していることが背景にあるが，これまで農村地域への若者の移住を妨げる大きな要因となっていた「仕事の確保」を，空き民家を活用し自ら開業することで解決しているとも言える。地域側から見れば，これまで農村の居住環境にはなかった地域内外の人々の交流拠点の誕生とも捉えられ，地域に与える効果が大きいと考える。

一方で，空き家を「ゲストハウス」に転用する上でどのような改修・整備が必要となるか，初期投資はどの程度かかるか，条件不利地域が多い農村地域において都市部より稼働率が低いと考えられ，生計を成り立たせることができるかといった点については，農家の兼業として経営される「農家民宿」や「農家民泊」と比較すると厳しい点が多いのではないかと想像する。

そこで，本章では，農村地域における民泊の背景と動向を把握した上で，空き家を転用したゲストハウスの事例を取り上げ，若者移住者がどのように上記の課題を克服し，開業に至っているかを明らかにする。加えて，農村地域における「民泊」の役割について，農村における現状の課題を踏まえて考察する。今後の空き家活用・移住促進の一助となれば幸いである。

2. 農村地域における民泊の背景と動向

農村地域における民宿開業の動きは実は古くからあり，1950年代には始まっていた。しかし，これはスキー客の宿泊ニーズに応じた農家の民宿経営であった。高度成長期にはレクリエーションブームが到来し，農業の衰退に伴い新

たな生業として民宿経営を選択する農家が増えた[2]。これらの民宿は，リゾート地に立地するものが多いことからも，民宿の用途として新築されたペンション等が多かったのではないかと推察する。

1970 年代に入ると都市農村交流に関する施策が開始され，自然休養村や観光農園が設置され，1980 年代には交流施設が増加した。「農家民宿」の開業はこの流れを受けたものであるが，1990 年度に農業白書において「グリーン・ツーリズム」に関する記述がなされ，1994 年に「農山漁村滞在型余暇活動のための基盤整備の促進に関する法律」(略称「農山漁村余暇法」) (1995 年 4 月施行) によって，はじめて「農林漁業体験民宿」が法的に位置付けられ，施策が本格的に展開する[3]。農山漁村余暇法 16 条では，「農林漁業体験民宿業者」の登録を定めている。農林水産省の資料[4]によると，登録件数は 1995 年に 556 軒，1997 年に 862 軒まで増加したものの，その後は減少し，2001 年以降は毎年500 軒程度が登録されている。

農家民宿の開業には，旅館業法等の営業許可を受ける必要があり，民宿の場合は「簡易宿所営業」を取得する場合が多いが，旅館業法施行令で客室の延床面積が 33㎡以上（20 畳以上）なければならないという基準がハードルとなり，開業が進まない実態があった[3]。そこで，大分県では独自に規制緩和を行う等の動きがあり，2003 年に旅館業法施行規則が改正され，農林漁家が民宿を行う場合，33㎡に満たない客室面積でも，簡易宿所の営業許可を得ることが可能となった。2005 年には農家民宿に関する建築基準法上の取り扱いの明確化により，農家が囲炉裏や茅葺屋根のある自宅を民宿として利用する場合，小規模で避難上支障がなければ，新たな内装制限は適用しないことが定められる等，全国的に規制緩和が進められた。これ以降，規制緩和を活用した小規模簡易宿所営業が急増した。農林漁業者が開設した農家民宿の新規登録件数は，2003年時点で規制緩和の活用なしが 32 軒，活用ありは 108 軒であったのに対し，2012 年には前者 11 軒，後者 534 軒まで増加している[5]。

その後，2000 年代には子ども農山漁村体験の施策が本格的に推進されたことが影響し，営業許可を得ずに宿泊体験活動を行う「宿泊体験民泊」も増加した。2007 年には農林水産省・文部科学省・総務省が連携し，教育活動として小学校における農山漁村での宿泊体験活動を推進する「子ども農山漁村交流プロジェクト」が開始された。2011 年度実績調査[3]（プロジェクトに登録している地域協議会の傘下にある農林漁家・宿泊業者 1,873 件の回答結果）より，営業許可区分別では，宿泊体験は民泊が 51％と過半を占め，次いで旅館営業 18％，一般簡易宿所営業 15％，小規模簡易宿所営業 16％であることから，約 8 割は農家民泊または農家民宿を利用している。

　農家民宿・民泊の建築形態の特徴としては，ほとんど増改築を行わず，農家の間取りをそのまま使用して農家の生活を宿泊客に提供している。風呂・トイレ・洗面所は経営者家族と共用，食事も経営者家族と一緒にとるケースが多い。どちらも施設投資をせずに小規模かつ家族労働力のみで兼業的に経営が行われている[7]。一方で，受け入れ者の宿泊体験の収入に対する評価[3]は，民泊は「経営に不可欠又はやや重要な収入源」が 9.9％，「経営の足し程度」が 26.6％であるのに対し，一般簡易宿所営業では前者が 32.0％，後者が 47.4％で，民泊と民宿には収入に大きな差があり，民泊は経営上の位置付けが低いことが分かる。

　このように，農林漁業の体験や農山漁村の交流を目的とした農家民宿が本格的に開始されて現在 20 年余りが過ぎた。規制緩和や子ども宿泊体験の施策開始により，農家民宿・民泊の数は増加してきた。一方，その間経営者の世代交代はあまり行われなかったため，農家民宿・民泊の経営者の高齢化が進行している。前述の 2011 年度実績調査[3]においても宿泊体験受け入れ者の主年齢は 60 代が 46％と最も多く，高齢化が進んでいることが分かっている。また，北海道内の農家民宿・民泊を行う 319 件のアンケート結果[8]では，57％が 60 代以上で，20 ～ 30 代の経営者は 12％しかいないこと，受け入れ側の高齢化により，宿泊体験受け入れに対する負担が増大していることや，本業である農業に

支障をきたしたくないという意見もあることが示されている。農家のそのままの生活体験が主目的であるため，初期投資が少なく，気軽に始めやすいと考えられるが，農家にとって生活を支える主な収入源とはなりにくく，受け入れ側の負担が大きい点が今後の継続において課題であると言えよう。

3. 既存建築を転用したゲストハウスの増加

前節で取り上げた「農家民宿」と本節で取り上げる「ゲストハウス」は，旅館業法では同じ「簡易宿所」であるものの，その増加の背景や経営形態・改修手法は全く異なる。

ゲストハウスの明確な定義はなく，民宿やペンション等も同様に簡易宿所に含まれるため，正確に数を把握することは難しい。日本国内でゲストハウスの施設数が多い沖縄県において実施された「平成26年宿泊施設実態調査」(9)では国内で唯一，宿泊種別の区分として「ゲストハウス」の項目が設けられている。そこで本節では，この宿泊種別の区分を参考にゲストハウスを「多人数で共有する宿泊室があり，低料金で宿泊可能な簡易宿所。ドミトリー等の名称が異なるもの，個室を併設している場合も含める。」と定義し，「簡易宿所営業」として営業許可を受けたものを対象とする。

筆者らは，関東1都6県の自治体の内，地域振興立法5法で条件不利地域に一部指定または全部指定された84自治体を対象に，自治体および自治体内の保健所への情報公開申請によって簡易宿所のデータ収集を行い（調査時期は2015年6月），インターネット調査にて現在も継続的な営業を行っていることが確認できた簡易宿所1,328事例を抽出した。これらを宿泊種別・建築形態によって類型化を行った結果を**表1**に示す。この結果から，ゲストハウス（20軒）と農家民宿（78軒）は，軒数は少ないものの，他の宿泊種別と比較して既存建

表1　営業形態・建築形態による分類

宿泊種別	定　義	専用建築型	既存建築型 民家	既存建築型 古民家	既存建築型 その他	既存建築型 計	不明	計	計(不明除く)	活用率
民　宿	和式が主体の宿泊施設。旅館等の名称が異なるものの，同様の形態を持つ施設も含める。	367	61	28	10	99	176	642	466	21%
農家民宿	滞在目的が農業体験となる宿泊施設	5	4	18	1	23	50	78	28	82%
ゲストハウス	多人数で共有する宿泊室があり，低料金で宿泊できる施設。ドミトリー等の名称が異なるもの，個室を併設している場合も含める。	4	7	7	2	16	0	20	20	80%
ペンション	洋式が主体の宿泊施設。ロッジ，ホテル，プチホテル等の名称が異なるものの，同様の形態を持つ施設も含める。	271	0	0	0	0	43	314	271	0%
貸別荘コテージ	民家，別荘，ログハウス等を1軒まるごと貸出している施設	201	3	4	1	8	11	220	209	4%
ユースホステル	日本ユースホステル協会に加盟している施設	1	0	0	0	0	0	1	1	0%
その他	上記以外の施設。山小屋，山荘，宿坊等。	39	0	1	3	4	10	53	43	9%
計		888	75	58	17	150	290	1,328	1,038	14%

※インターネット調査で十分な情報が得られない事例を「不明」（293）とし対象外とした。
※建物構造や外観写真等によって区別が困難な場合には，当該施設の名称によって判断した。

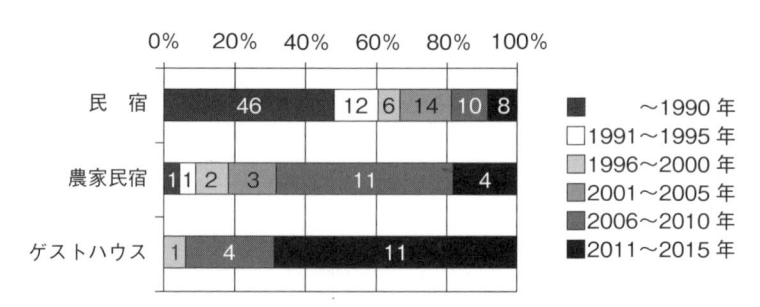

※開業年度が不明の4件（民宿3，農家民宿1）を除く。

図1　既存建築型簡易宿所の開業年度

物の活用率が8割を超え高いことが分かる。

　次に，既存建築の活用率が20％を超える民宿・農家民宿・ゲストハウスの開業年度を図1に示す。民宿は前節でも述べたとおり，早くから開業が見られ，1995年までに開業したものが6割を占める。一方で農家民宿はばらつきがあるものの，2006年以降が7割を占め，農家民泊の需要増加が背景にあると考えられる。特にゲストハウスは2006年以降が大半で，中でも2011年以降が11施設と7割を占める。

　以上のことから，農村地域におけるゲストハウスは，既存の民家等の建築物を改修し開業している事例が多く，約7割が過去5年間で開業しており，近年増加している宿泊形態であると言える。前田[10]によると，ゲストハウスは2016年時点で500〜600件ほどが国内に存在し，うち約9割が既存物件を改装したもので，2014年以降に急増していることから，我々の調査と同じ傾向が窺える。真野ら[11]は，近年の宿泊施設の中で旅館が減少しているのに対し，ゲストハウスが含まれる簡易宿所が2005年以降年々増加し，特に東日本大震災が発生した2011年度以降に増加の幅が広がり宿泊ニーズが変化していること，これらが観光地や大都市ではなく，地方都市や一般の市街地に見られることから「ローカルなゲストハウス」であると指摘している。

4. 若い移住者によるゲストハウスの誕生

　さらに注目すべきは，これらの多くが若い移住者によって開業されていることである。前田[10]の100件を対象とした調査では，運営者の平均年齢は34.8歳で，UIターンによる地方移住者が66％を占めることを明らかにしている。

　前述したとおり，農家民宿・民泊の経営者は平均年齢が60代であることと比べると大きな違いであり，「ゲストハウス」は非農家の若い世代が運営する

写真 1　栃木県那須町のゲストハウス（事例 1）（2015 年 9 月撮影）

写真 2　東京都檜原村のゲストハウス（事例 4）（2015 年 9 月撮影）

民泊と言えるだろう。

　筆者らは，関東地方の農村地域において移住者が空き家をゲストハウスに転用した 4 事例を対象に，若い移住者がどのように場所を確保し，ゲストハウスを作り，経営しているかについて詳細な調査を行った。事例数は少数であるものの，前田[10]の調査結果と同様に，4 事例ともにゲストハウスが急増する 2014 年前後に開業していること，20 代半ばから 30 代半ばの UI ターン移住者

が開業していること，築年数 50 ～ 150 年の空き家を活用していることから，近年急増しているゲストハウスと同様のタイプと位置付けてよいと考える。なお，調査期間は 2015 年 9 ～ 12 月である。

4 事例は，栃木県那須町（事例 1），千葉県勝浦市（事例 2），千葉県富津市（事例 3），東京都檜原村（事例 4）に立地する。各事例とも 20 ～ 30 代の若い夫婦または単身者により経営されており，事例 1 は U ターン，その他は I ターンである。事例 2 のみホテル業の経験があるが，その他は宿泊業の経験はない。

開業動機は，事例 1・2 が海外ゲストハウスでの交流を体験したこと，事例 3 は地元まちづくり団体のインターンでゲストハウス開業プロジェクトを担当したことで，事例 4 は田舎で継続的な事業を起こしたいという思いがゲストハウス経営への興味に繋がっている。

5. 空き家との出会い方

地域になじみのない移住者が見知らぬ土地で空き家を探すのは容易ではない。特に農村地域では不動産業が未発達で空き家が市場に流通しておらず，自治体による「空き家バンク」が設置されているところもあるが，物件数が少数である自治体も多く，転用可能な空き家に出会う可能性は高くはない。4 事例では，事例 2 のみ勝浦市の空き家バンクを活用し希望の物件を見つけて購入していた。一方で，事例 1・3 は移住前から地域内団体の活動に参加し，その団体に所属する地域住民から空き家の家主を紹介してもらっていた。事例 4 は知人を通じて檜原村の先輩移住者を紹介してもらい，その人から空き家の家主を紹介されていた。

このように，もともと地域になじみのない移住者でも，移住前から移住先の地域団体の活動に参加したり，知人を通じて地域住民を紹介してもらい，地縁

関係を形成する努力により，空き家との出会いが生まれている。筆者自身も経営者にお会いし話を聞いていて，皆共通してフットワークが軽くアクティブな方という印象を持った。特に農村地域の空き家の家主は見知らぬ相手に持家を貸すことに抵抗があることが多いため，両者をつなぐ第三者と巡り合う機会を持つことが大切であると言える。

6. DIY の手法を用いたゲストハウスの作り方

　まず，「簡易宿所営業」として登録されているゲストハウスに求められる設備基準は，旅館業法や消防法等のもと，各自治体および保健所，消防署等によって定められている。また，ゲストハウスとしての用途に供する部分の床面積の合計が100㎡を超えるものは，建築基準法で定められた「特殊建築物：旅館」への用途変更が必要となり，現行の建築基準法に適する改修を行うには高額な費用と許可申請までに時間を要する。そのため，100㎡を超えない改修を行い，「簡易宿所営業」に登録しているものが大半で，4事例もこれに該当する。

　4事例の主な改修内容を表2に整理する。改修費は74 ～ 200万円（事例2は非公開）と比較的安価であり，事例3のみクラウドファンディングや町づくり団体から資金の一部を得ているが，3事例は自己負担である。可能な範囲でDIY の手法を用いて改修を行っている点が共通である。給排水・浄水槽工事等の設備工事は地元工務店等の専門業者に委託しているが，床・壁・天井の張替えや掘炬燵・階段等の撤去作業など，内装はほとんどDIY で改修している。経営者自身は建築や大工工事の知識・経験はないとのことで驚いたが，インターネットを活用し改修方法を検索したり，地域内外の知人に技術指導を受けることで実現できたとのことだった。

　また4事例とも，改修ワークショップ等イベントを企画し，SNS等で地域

表2 4事例の改修内容と改修手法・課題

事例番号		1	2	3	4
改修費（万円）		200	非公開	74	200
捻出方法		自己負担	自己負担	自己負担30, 町づくり団体20, クラウドファンディング24	自己負担
主な改修内容	地元工務店等	給排水・浄水槽工事、浴室・トイレ新設	給排水・浄水槽工事、浴槽撤去、シャワー・風呂新設	給排水工事、シャワー新設	給排水・浄水槽工事、シャワー・トイレ新設
	経営者自身	床・壁・天井張替え、掘炬燵・エアコン撤去	床・壁・天井張替え	床・壁・天井張替え、浴槽撤去	床・壁・天井張替え、掘炬燵・天井・階段撤去
技術習得方法		・インターネットを活用し、改修方法を検索する ・地域内外の知人に指導を受ける		改修方法を検索	
改修手法		改修WS等のイベントを企画	普段の改修作業に、協力者を募る	改修WS等のイベントを企画	改修WS等のイベントを企画
	集め方	SNS, HP	SNS	SNS	SNS, 村の観光サイト
	参加数	約25名	6名	約45名	約130名
改修において苦労したこと		・営業許可を受けるために、宿泊に供する面積を100㎡以下に抑えなければならなかった	・トイレ等の設備整備 ・宿泊に供する面積を100㎡以下に抑えるための設計の工夫	・保健所の要求に合った空間レイアウト ・建築や設計の知識がなく、改修を進めるのに苦労した	・宿泊空間とイベント空間を分断するための動線 ・トイレの増設

内外の協力者を集めている点も特徴的である。参加者数は事例により差異があるが、前職（WEBサービス業）を活かしワークショップの広報に力を入れていた事例4では、計10回のワークショップと3回のお披露目会を開催しており、各回10名以上・計130名以上が参加している。事例1・3は経営者が参加している地域団体のメンバーの協力が多く得られている。改修において苦労した点は、共通して簡易宿所営業許可に必要な用途に供する面積やトイレ等の水

廻り設備の整備があげられた。

　ここで，事例1のゲストハウスの作り方の詳細を紹介したい。改修図面の作成は経営者の夫の同級生に無償で依頼している。町内の建材屋から無償で漆喰塗りの指導を受け，町内の大工から無償で床張りと防音壁新設の指導を受けることで，改修技術を習得している。また，浴槽やタイル床の解体撤去等，専用工具が必要とされる改修では，移住前から参加していた地域団体のメンバーである町内の水道業者に工具を借りて行っている。既存平面は6つの和室とDKで構成され，改修後は玄関前の8畳和室は床板が張られ居間にあて，東側和室3室を宿泊室1・2・3とし，3は居間も兼ねている（図2）。DKや浴室・トイレの位置は変更しておらず，裏口/洗面所2だった部分にトイレ1が新設されている。夫婦の寝室は玄関西側の6畳和室があてられ，共用の居間を挟んで私的空間とゲストハウスの空間が区別されている。

　このように他の3事例でも改修による大幅な間取りの変更は見られず，居室をゲストハウスの宿泊室にあてて3室を整備していた。DK・浴室等の水廻りの位置の変更はなく，改修後も同じ用途として利用しており，住宅をゲストハウスに転用する場合に既存の間取りや設備の利用が可能で，大規模な改修は必要ないことが分かる。また4事例とも単身または夫婦のみの世帯のため，寝室は1室で足り，居間はゲストハウスと共用し居住空間をコンパクトにまとめる住み方の工夫も，宿泊室を確保する上で効果があると考える。一方で，家族が増えた場合には私室が足りないことも予想される。

　以上より，ゲストハウスは既存の住宅を活用して宿泊室を設け，水廻りや居間を家族の空間と共用とする空間構成は，農家民宿・民泊と同じである。しかし，経営者が移住者という点が大きく異なる。移住者は移住前から地域住民と地縁関係を形成し空き家を紹介してもらい，地域内外の専門業者からDIYの改修技術指導を受けると同時に，インターネットを用いて調べSNSで改修イベント参加者を集めている。このように地域の人的ネットワーク構築とインタ

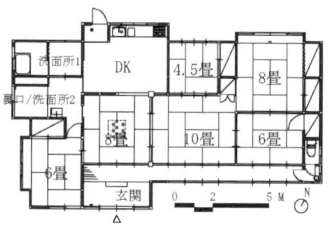

改修前

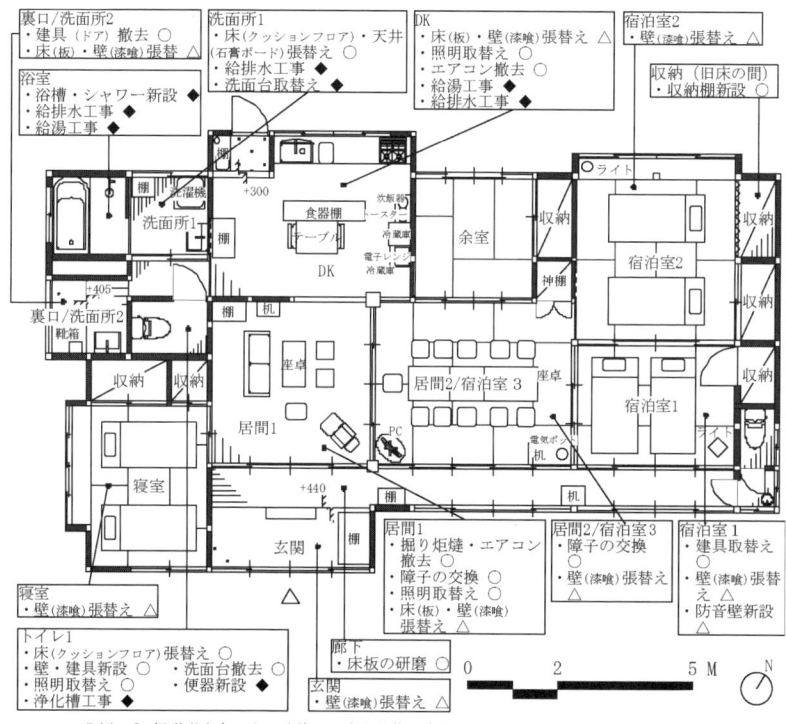

裏口/洗面所2
・建具（ドア）撤去 ○
・床（板）・壁（漆喰）張替 ○

浴室
・浴槽・シャワー新設 ◆
・給排水工事 ◆
・給湯工事 ◆

洗面所1
・床（クッションフロア）・天井（石膏ボード）張替え ○
・給排水工事 ◆
・洗面台取替え ◆

DK
・床（板）・壁（漆喰）張替え ○
・照明取替え ○
・エアコン撤去 ○
・給湯工事 ◆
・給排水工事 ◆

宿泊室2
・壁（漆喰）張替え △

収納（旧床の間）
・収納棚新設 ○

裏口/洗面所2
・糖箱

寝室
・壁（漆喰）張替え △

トイレ
・床（クッションフロア）張替え ○
・壁・建具新設 ○　・洗面台撤去 ○
・照明取替え ○　・便器新設 ○
・浄化槽工事 ◆

廊下
・床板の研磨 ○

玄関
・壁（漆喰）張替え ○

居間1
・掘り炬燵・エアコン撤去 ○
・障子の交換 ○
・照明取替え ○
・床（板）・壁（漆喰）張替え ○

居間2/宿泊室3
・障子の交換 ○
・壁（漆喰）張替え ○

宿泊室1
・建具取替え ○
・壁（漆喰）張替え ○
・防音壁新設 ○

凡例　○：経営者自身による改修，△：専門技術を有する主体に指導を受け経営者自身が行った改修，
◆：専門技術を有する主体に依頼した改修（有償）

図2　改修内容と改修前後平面図（事例1）

ーネットを上手く組み合わせることにより，人手を集めることが難しい農村地域において，建築的知識や経験はない移住者がDIYによるゲストハウス改修を実現しており，この手法は，若い世代の新たな空き家活用法として大いに評

価したい。

7. ゲストハウスの経営形態

　ゲストハウスの運営は，事例1は週末営業，事例2・3・4は基本的に毎日営業だが，事例3・4は冬季休業している（**表3**）。宿泊基本料金は 3,000 ～ 3,500 円程と安価で，客室平均稼働率は全体的に 30% 未満と低く，立地条件が悪いことが影響していると考えられる。そのため，4事例では共通してゲストハウス経営において宿泊代以外の収入を得る工夫をしていた。さらに事例1・2・3ではゲストハウス経営に加えて他の仕事を得て生計を立てていることも分かった。このような働き方（暮らし方とも言えるが）は，農村地域においてゲストハウスを経営する上での工夫として参考になると思われるため，以下に詳しく紹介する。

　まず，ゲストハウス経営における宿泊代以外の収入だが，事例4ではゲストハウスのコンセプトを「寺子宿」として，体験型イベントを開催し，ヨガや草木染め等の体験を宿泊客に提供しイベント代を得ることで，宿泊客の客単価を上げる工夫をしている。これによりゲストハウス経営のみで十分な所得を確保しているとのことである。この体験型イベントは，経営者がイベント空間の提供と広報・決済等の代行を行い，講師を招いて開催するもので，イベント収益の半分は講師に分配している。このような仕組みを導入することで，講師となる人材を地域内外に確保し，魅力的なイベントの継続的な開催を可能としている。その他，事例1では地域住民等と協力して開催しているイベントからのイベント代や，栃木県主催の移住体験ツアーを受け入れ，コーディネイト代を得ている。事例2では妻が調理師の免許を取得していることを活かし，ゲストハウス内でカフェの不定期営業を始めている。事例3でも同様にカフェを不定期

表3　ゲストハウスの運営形態

事例番号	1	2	3	4
営業日	金土日（不定休）	毎日	毎日（年季休業）	毎日（不定休）
料金（円／泊）	3,500 〜	3,000 〜	3,000 〜	3,000 〜
宿泊容量（人）	10	12	6	12
稼働率（%）	計上なし	15	20 〜 30	15 〜 20

に営業している。

　次にゲストハウス以外の仕事だが，事例1は，経営者（妻）は薬剤師として薬局に勤め，夫は前職の技能を活かしWEB制作業を本業としており，ゲストハウスは週末のみ副業として経営している。事例2の経営者（夫）は当初，知人の紹介により市内の醸造会社で働き，その後，市の依頼で空き家調査業務を担当し収入を得ている。事例3の経営者は当初，知人の紹介により県内の農場で働いていた。また，冬期の休業期間に都内の飲食店や市内の酒造会社で働いており，この経験が前述のカフェのオープンにつながっている。

　このようにゲストハウスのみでは生計を立てることは難しいことが分かるが，経営者はゲストハウス経営を週末のみの副業とし，別の本業から主収入を得たり，ゲストハウス経営を本業とし，アルバイト等の副業から副収入を得るといった働き方の工夫をしていた。この点は，農家の副業として経営する農家民宿・民泊と類似している。主収入としての宿泊営業は農村地域においては厳しいと言えるが，4事例のように副業で身につけた専門技術を活かしゲストハウス内にカフェを開業するといった経営展開につながる効果もあることが示された。

8. おわりに

　農村地域における「民泊」は，農林漁業体験を目的とした農家民宿から，都市農村交流を目的とした農家民泊に展開し，農家が副業的に経営するものが中心であるが，国や地方自治体においても施策として位置づけられ規制緩和が進められたことも後押しし，全国に多くの農家民宿・民泊が開業した。一方，近年増加しているゲストハウスは，これらの動きとはまったく違い，非農家である若い移住者が農村の魅力に気づき自ら移住して経営しているものである。このように生まれた背景は違うが，いずれも共通して農村の暮らしを体験し，人々との交流を目的としている「民泊」である点が，都市部の「民泊」とは役割もやや異なっていると感じる。

　ここではあまり触れなかったが，農村の「民泊」では新鮮な野菜や魚を使った食事，農林漁業だけでなく自然豊かな農村を体験できるプログラム，地域内外の人々との交流の場が提供されており，宿泊者はその場に泊まるだけでなく，その周辺・地域に滞在し体感することを享受していると言える。過疎化・高齢化が先行して進む農村地域において，このような「民泊」を含む多様な人々が交流することができる場は，地域が存続していく上で欠かせない存在になっているのではないだろうか。

　一方で，やはり条件不利地域では宿泊需要が少ないため，民泊のみで生計を立てるのは厳しいことが明らかであった。しかしゲストハウスの事例から，地域になじみのない若い移住者が，積極的に地域に入り人的ネットワークを構築するとともに，Facebook などのソーシャル・ネットワーキング・サービスを上手く組み合わせ，地域内外とのつながりを広げることでイベント参加者や宿泊者を増やしていた。

　また，働き方についてもゲストハウスの経営に加え，自分の技能や興味に合

わせて他の仕事に就き，生計を立てるだけでなくその経験をゲストハウスの発展にも役立てていた。このような若い人材の柔軟な発想と行動力が，農村地域に新たな光を灯している。この手法は民泊に限らず，農村地域において様々な人がつどう新たな場づくりに大いに参考になるだろう。

＊4〜7節は参考文献（12）に基づく。

〈参考文献〉

(1) 厚生労働省：民泊サービスと旅館業法に関する Q&A〈http://www.mhlw.go.jp/stf/seisakunitsuite/bunya/0000111008.html, 2017 年 8 月 18 日閲覧〉

(2) 山田耕生：日本の農山村地域における農村観光の編成に関する一考察—「グリーン・ツーリズム」登場以前の 1992 年まで—, 共栄大学研究論集, 第 6 号, pp.13-25, 2008.3

(3) 農林水産政策研究所：農山漁村宿泊体験の現状と課題—宿泊体験受け入れ者の意向調査及び実態調査結果—, 農村活性化プロジェクト研究資料, 第 6 号, 2015.3

(4) 農林水産省：「グリーン・ツーリズム」の取り組みについて, 観光立国推進本部 WT—観光連携コンソーシアム—第 1 回資料, 2010 年 1 月 14 日〈https://www.mlit.go.jp/common/000059716.pdf, 2017 年 8 月 18 日閲覧〉

(5) 農林水産省：グリーンツーリズムの推進〈http://www.maff.go.jp/j/nousin/kouryu/kyose_tairyu/k_gt/pdf/siryou2_101.pdf, 2017 年 8 月 18 日閲覧〉

(6) 農林水産省農村振興局都市農村交流課：子ども農山漁村交流プロジェクトについて〈http://www.maff.go.jp/j/nousin/kouryu/kodomo/pdf/kodomo.pdf, 2017 年 8 月 18 日閲覧〉

(7) 金俊豪, 三橋伸夫：農家民宿の持続的経営に向けた施設・サービス基準に関する考察, 農村計画学会誌, 26 巻論文特集号, pp.341-346, 2007.12

(8) 北海道農政部農村振興局農村設計課：農家民宿・民泊のアンケート調査結果, 2017.1〈http://www.pref.hokkaido.lg.jp/ns/ski/gt/kekkanoukaminsyuku.pdf, 2017 年 8 月 18 日閲覧〉

(9) 沖縄県文化観光スポーツ部観光政策課：平成 26 年度　宿泊施設実態調査

(10) 前田有佳利：ゲストハウスガイド 100 〜 Japan Hostel & Guesthouse Guide 〜, ワニブックス, 2016.8

(11) 真野洋介, 片岡八重子：まちのゲストハウス考, 学芸出版社, 2017.3

(12) 大野銀河, 山本幸子：農山村地域における移住者主体による空き家を転用したゲストハウスの改修内容・手法と経営形態, 日本建築学会技術報告集, 第 24 巻, 第 56 号, pp.409-413, 2018.2

地域活性化と民泊の可能性

東京大学大学院 工学系研究科 都市工学専攻 准教授
城 所 哲 夫

1. 地域活性化と観光の役割

　筆者は，民泊という考え方がまちのあり方を根本的に変える可能性をもっていると考えている。20世紀後半以降の都市づくりは都市空間の徹底したプライベート化を図ることで快適かつ効率的な都市をつくるという側面が強かった。一方，これからの都市づくりは，人々によりシェアされる空間をいかに創出していくかが大きな命題となっているからである。プライベートな空間の持つ価値は明白である。かつての社会主義国における集団所有の失敗を持ち出すまでもなく，空間をプライベート化・個人所有化することで，空間を最大限効率的に利用する契機が生まれるからである。では，シェアされた空間はどのような価値を生み出すことができるのであろうか。シェアされた空間の意義については公共空間としての価値を中心にさまざまに議論されている[1]。なかでも，シェアされた空間の価値として私が重要と考えているのは，プライベート化された空間が効率性を生み出すのに対して，シェアされた空間は創造性を生み出すという点である。グローバル化の進む現代において，創造性とそこから生み出される新しいアイデアは創造性経済の源泉として決定的な重要性を持つ

写真1　安心院の農家民泊：ホストとゲストの親密で忘れがたい交流が地域文化への共感へとつながる。

が[2]，コワーキング・スペースのようなシェアされた空間こそが，組織の枠を超えて多様な人々の創造性を結び付け，新たなアイデアを生み出す場として機能すると考えるからである。居住の場をシェア空間に変える民泊は，まちをシェアされた空間へ変革していく上でまさに要ともいえるシステムであり，その意味で，創造性を生み出す場としてまちを再生していく上で重要な役割を担うと考える。

　創造性経済を前提とした地域活性化を考えるならば，アイデアを生み出す場としての創造拠点＝シェア空間を地方に生み出していくことがきわめて重要である。近年，様々な地域で若者の移住者が増えており，地方が創造拠点として再生していく契機が生まれている。アイデアをもった人々を地域に呼び込むうえで，民泊等のシェア空間における人と人との交流をベースとした深い地域体験が，リピーターさらには二地域居住，移住へとつながっていくと言える。

　個人的体験になるが，筆者は，コースアドバイザーを務めるJICA地域開発政策研修の一環として，10年以上にわたって農家民泊の草分けの地域のひと

つとして有名な大分県の安心院に国際チームで訪問し，ゲストとして農家民泊を体験させていただいている。その中で，いくつもの忘れがたい地域体験をしたが，それらのシーンを思い浮かべるときに，必ず，農家民泊のホストの方のお顔を同時に思い出す（**写真1**）。実際，移住者の方にヒアリングすると，このような地域の人との忘れがたい交流の体験が移住へと結びついたという話をお聞きすることが多い。

2. イノベーティブ・タウン仮説

　上述の考え方のもとで，筆者は，ライフスタイルをベースとした地域活性化のプロセスを示す仮説としてイノベーティブ・タウン仮説を提唱している[3]。イノベーティブ・タウン仮説は，ライフスタイル産業仮説とクリエイティブ・タウン仮説の2つの仮説により構成される。

　ここでは，ライフスタイル産業という言葉を，広い意味で，いわばグローバル化時代の創造産業のエッセンスを意味するものとして使っていることに留意していただきたい。グローバル化の進む世界においては，新しいアイデアに基づく新たな商品・サービスを次々と生み出すことで付加価値を生み出すという創造産業型の成長モデルを追求することが求められるが，この固有のアイデアを生み出す源泉として重要なのが，ある地域や社会で育まれてきた価値観，すなわちライフスタイルである。最も典型的な例としてアップルの製品群，あるいは，インターネット時代の産業であるGoogleやFacebookなどが挙げられる。これらのイノベーションは，人と人とが気軽につながり合うアメリカ西海岸で醸成されたライフスタイルのなかでこそ生み出されたアイデアがベースとなっていると言えるのではなかろうか。

　ライフスタイル産業は地域活性化のあり方を根本的に変えていく可能性を秘

めている。人口減少と高齢化が急速に進む地方圏では若者の流出を引き止め，UターンやJターン，Iターンを促進することが最重要な課題といえる。製造業等の企業誘致は効果的で即効性の高い地域活性化の手段であったものの，グローバル化の波の中で，製造業の海外移転が進む今日，企業誘致の手法には限界があり，むしろ企業の撤退や雇用の削減もある中で発想の転換が求められている。

さまざまな自治体で雇用がないので若い人が出て行ってしまうという声をよく聞く。しかし，本当にそうだろうか。本当は，地域に魅力がないからではなかろうか。あるいは地域のもつ本当の魅力に気付いていないからではなかろうか。東日本大震災の被災地には多くの若い人が集まってきているが，それは雇用を求めてではなく，そこに生きがいがあるからである。地域の魅力を高めて生きがいを生み出すという意味でライフスタイル産業革命は地域活性化にとって大きなチャンスであり，逆に言えば，地域のライフスタイルを生かしたアイデアのもとに新たな産業を起こしていくことのできる地域こそが生き残っていけるといっても過言ではないだろう。そのためには，アイデアを持っている人を惹きつけ，あるいは流出をくい止め，地域独自のライフスタイルを生かしたアイデアを事業化・起業へと結びつけることが肝要である。大都市のライフスタイルとはひと味もふた味も異なる，地方のもつ固有のライフスタイルに魅力を感じる人は多いのだから，地域独自のライフスタイルを彫琢することによって人々が惹きつけられ，それらの人の理想とするライフスタイルと地域独自のライフスタイルの魅力との共鳴の中から新たなライフスタイル産業が生まれる，というようなライフスタイル産業の展開と地域活性化の好循環を作り出していくことが，ライフスタイル産業革命時代の地域活性化の方向性といえるのではないだろうか（図1）。

とりわけ，観光は，地域のライフスタイルの発掘，彫琢，発信，ライフスタイルに共感する人の共鳴・流入，オープンなネットワークの形成等のフェーズ

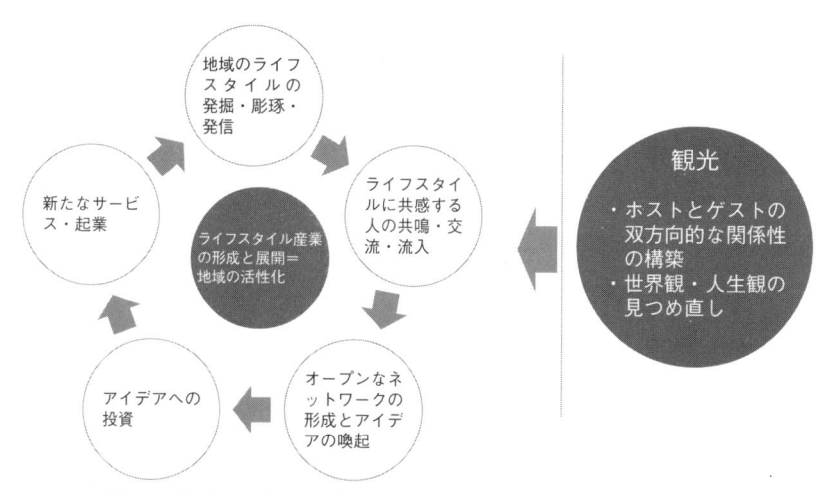

図1　ライフスタイルをベースとした地域活性化と観光の役割

において中心的な役割を果たすことが期待される。今日，すでに，観光の主流は体験型の観光に移行しているが，体験型観光の本質は，まさに，それぞれの地域が，地域固有のライフスタイルを際立たせ，ホストとゲストのよき関係性の構築を通じて，地域固有のライフスタイルを体験することで，新たな世界観や人生観を獲得するプロセスだからである。

　徳島県の神山町，隠岐の海士町や釜石など，若者の移住者が増えているまちで，移住者の方にお話を聞くと，初めてその地をおとずれた時の去りがたい体験，とりわけ，ホスト（受け入れてくれる方）との豊かな関係性の構築がベースとなっていることが指摘されることが多い。ホスト―ゲストの双方向の関係性のもとで，地域での体験のベースとなる民泊は，このような地域固有のライフスタイルをまさに肌で感じることができるという点で，重要な役割を果たすことができる。

3. 民泊による地域活性化の胎動

　様々な地域を調査して強く感じることは，ライフスタイルを生かした地域活性化を進めていくためには，地域で人々がクリエイティブな雰囲気を共有することが重要であるという点である。そのための，まちの果たすべき役割を整理したのが，クリエイティブ・タウン仮説である。その内容を**表1**に示した。

　地域活性化の好事例と言われているまちに行ってお話を聞くにつけ，感じることであるが，とりわけ，外から入ってくる人に対するオープンさは，決定的に重要である。外からやってくる人，Uターンしてきた人が自由にアイデアを交換し，実現するプロセスに積極的に関わり，また支援するという気持ちの持ちようを持つオープンな地域とそうではない閉鎖的地域がある。そして，当然ながら，地域活性化が進むのは前者のような気風をもった地域であることが多い。

　また，地域活性化のためには低廉な賃貸料・宿泊費で多様な住み方・働き方，滞在の仕方ができる住宅や宿泊場所が提供されることも重要である。まちの中

表1　クリエイティブ・タウン仮説のもとでのまちの役割

役　割	●クリエイティブな雰囲気の共有の場，イノベーション支援ネットワーク形成の場，起業のための多様なスペース
目　標	●人と人，アイデアとアイデアを結ぶネットワーク・ハブ
機　能	●イノベーション支援ネットワーク ●空き店舗等を活用した多様で小さなスペース（貸店舗・オフィス，コワーキング・スペース，工房，SOHO） ●低廉な家賃・宿泊費で多様な住み方・滞在の仕方ができる住宅や民泊施設
空　間	●自由なパブリックスペース，ストリート・シーン，カフェ ●クリエイティブな雰囲気
アクセス	●グローバル・アクセス ●インターネット

写真 2　古民家をリノベーションした IT 系企業のサテライトオフィスが集まる徳島県神山町の交流の場となっているフレンチ・カフェは，魅力的な地域体験とともに，神山内外の人を結びつける役割を果たしている。

の空き家や空き室が民泊として提供されるのであれば，まちのライフスタイルを体験しつつ，低廉な宿泊費で滞在が可能となるという点で，とりわけ，IT 関係で増えている，場所にとらわれない働き方にマッチした環境を作り出すことが可能となる。このような好循環が生まれつつある地域は，やはり，前者のようなオープンな地域である（**写真 2**）。

　逆に言えば，閉鎖的な地域においても，民泊を契機として，すなわちＵターン者等の先覚的な方が民泊事業を起こし，民泊ホストの仲間を増やしていくことで，少しずつオープンな地域へと変わっていくことが期待される。

　現状では，Airbnb に代表されるようなインターネットを利用したプラットフォームをベースとした新しい形態の民泊と地域活性化がダイレクトに結びついているといえるような典型的事例はまだ出てきているとは言えないが，その胎動ともいうべき事例が見られる。

　なかでも注目されるのが釜石市における取り組みである。釜石市は，「釜石

写真3 （一社）三陸駒舎（釜石市）。2015年4月に設立され，ボランティアと共に再生した古民家で馬と共に暮らす地域文化を再生することを目的に馬との暮らしをベースにしたエコツーリズムやホースセラピーなどの事業を展開し，農家民泊体験プログラムも提供している。特徴的なのは，地域の婦人の方々がゲストに対する郷土料理・料理づくり体験の提供を行っている点で，地域ぐるみでホストとゲストの交流が行われている例といえる。

オープンシティ戦略」のもとで，市民主体のプロジェクトの推進をする活動人口と外部人材・企業（つながり人口）との協働のもとで地域の活力の維持・発展を図ることをまちづくりの基本理念としている。同戦略の考え方のもとで，民泊についても，釜石市が2019年に開催されるラグビー・ワールドカップの開催地となっていることを契機として，受け入れを積極的に推進することが企図されている。このような背景のもとで，2016年10月に，日本の自治体としては初めて，民泊プラットフォーム最大手のAirbnbと観光促進に関する覚書を結び，民泊ホストを増やしていく取り組みがなされている。住宅宿泊事業法の施行前に事業をスタートさせたため，現状では，農家民泊制度を活用して，釜石市の農家民泊に参加するホストをAirbnbにも登録するという仕組みとしている。

　釜石市で特徴的なのは，市民の活動人口と外部人材のつながり人口との協働のもとでの地域の活力の維持・発展を図るというオープンシティ戦略の考え方がベースとなって民泊の振興が図られている点である。民泊振興のためには，まずは民泊の受け入れ先を拡大することが重要な課題となるが，釜石市では，釜援隊（総務省復興支援員制度をもとに，釜石市と業務委嘱契約を結んだ地域支援コーディネーター）のメンバー，Airbnb を釜石市に紹介した一般社団法人 RCF（東日本大震災を機に設立され，社会事業コーディネーターとして復興や社会課題解決事業の立案・関係者間の調整事業を行うことを目的としている），（株）パソナ東北創生などの外部人材（つながり人口）が，復興支援事業の中で培った市民とのネットワークをベースとして民泊受け入れ先の開拓を行っており，このような新しい人的ネットワークを通じて，地域の特色を体現するような農家民泊がいくつも生まれてきている（**写真3**）。

4.　地域活性化の観点から見た民泊振興の課題

　筆者は，上述のように，民泊の振興が地域活性化に大きな役割を果たすことを期待しているが，そのためにはさまざまな課題がある。最後に，そのいくつかについて指摘しておきたい。

　第一に，農家民泊を体験して強く感じることであるが，現行の農家民泊制度が課しているように，体験プログラムを民泊ホストがサービス義務として提供するのは，ホストの負担が大きすぎるし，また，形式上宿泊費が取れないなど制度としていびつであり，持続可能な形態とは言えないということである。ホストとゲストは双方向的・対等な関係であるべきであり，そのような関係の中で生まれる，義務ではない自然な関係の中でこそ，深い感動が生まれる。食事やお風呂を含めて，地域体験は，民泊宿舎の中で完結するのではなく，まちの

中で様々な主体がホストとなることが望ましく，逆に言えば，そのことで地域内の経済循環が生まれるともいえる。そのためには，まち総体としての地域経験をコーディネートする必要があるが，現状では，このようなコーディネーターの役割を果たせる人・組織は限られている。行政とまちづくり組織が協働して，コーディネート組織を育てていく必要がある。

　第二に，Airbnb 等の民泊プラットフォームへの登録（リスティング）とゲストとのコミュニケーション（場合によっては英語）のハードルがある。結果として，現状では，地方部においては限られた人しか，このようなプラットフォームを利用できておらず，民泊のリスティングが大都市偏重となり，結果として，地方への人の流れが十分に生み出されるにはいたっていない。地域を越えた民泊ホストのコミュニティづくりが進み相互支援の仕組みが形成されることが期待される。

　第三に，民泊を振興しようとしている地域で共通に指摘される課題として二次交通の課題が大きい。ゲストが鉄道駅までは来ることができるとしても，地方部ではその先の交通手段が極端に不足している。上述したようなコーディネーター組織が送迎を行うということもありうるが，負担が大きく，持続可能とは言えない。本数に限りはあるものの，現行のバス路線をよりよく活用する方策を考えていくことが望まれる。とくに望まれるのがバス時刻の検索システムである。現状では，バス路線があったとしても，地方部では共通の検索プラットフォームで電車と接続するバス便は検索できず，バス路線はほとんどブラックボックス化していて，利用が困難である。地方部で民泊を振興していくためには，レンタル自転車の拡充は言うまでもないが，共通の検索エンジンで，バス便の検索が電車と同時にできる仕組みを整えていくことが望まれる。

〈参考文献〉

都市計画 317 号特集「使われる公共空間」(2015)，日本都市計画学会

リチャード・フロリダ（著）・井口典夫（訳）(2008)『クリエイティブ資本論—新た
　な経済階級の台頭』ダイヤモンド社

城所哲夫・近藤早映（2016)「地方都市の中心市街地活性化が地域活性化に果たす役
　割に関する研究—イノベーティブ・タウン仮説の提示とその妥当性の検討—」日
　本都市計画学会学術研究発表会論文集，Vol.51-3，pp.791-797

旅と建築の可能性を広げる民泊

東京大学大学院 工学系研究科 建築学専攻 教授
大 月 敏 雄

◉旅と「あご・あし・まくら」

「あご・あし・まくら」とは，「顎・足・枕」のことである。「あご代」といえば食事代のことであり，「お足代」といえば交通費。寄席の芸人さんたちなどがよく使う「あご足枕つき」とは，地方の高座の主催者が芸人さんたちを招く際に，食費，交通費，宿泊費をつけてくれるという意味である。この「あご・あし・まくら」の組み合わせが，旅の基本的な質を左右することはいうまでもない。

「あご・あし・まくら」というフレーズは，芸人さんが使うものだと思っていたが，2011年の東日本大震災のころ，この言葉を，まちづくりプランナーの濱田甚三郎さんからよく聞いた。

「仮設市街地研究会」という，1995年の阪神・淡路大震災以来一貫して，被災した町の復興を考え続けていた研究会[1] のメンバーたちが，2011年の東日本大震災の際に，再びボランティアとして被災地におもむき，仮設住宅を含む住宅の復興関連で何かお手伝いできることがないかということで，現地入りを検討していたころであった[2]。

そのとき，濱田さんがよく口にしていたのが，このフレーズであった。行き先が決まり，誰と会って，何をするかまで決まったところで，「あご・あし・まくらはどうする？」と言いながら，旅の算段に入るのである。ボランティアは「あご・あし・まくら」を自ら確保してから，被災地におもむかねばならない。

●あご（顎）

旅を考える際の「あご」は，すなわち，飲料水を含めて食料をどう確保するかということである。のちにボランティ元年という言葉を生み出した阪神・淡路大震災の時，このことを考えずに現地におもむいたボランティアが，逆に被災者のための支援物資のご厄介になっていた，などということが話題になったものである。

実は，当時大学院生であった私もその一人であった。何の算段もしないまま，何とかしなきゃという焦燥感に駆られて現地に行ったのはいいけど，2リットルのペットボトルの水では何ともならず，見舞いの相手であった被災した知り合いのお宅にご厄介になってしまった。ただ，東日本大震災の時は，比較的早く復興したコンビニが，我々のような人びとの重要な「あご」の確保手段となっていた。

また一方で，「あご」というのは，ただ栄養補給をすればいいだけではなく，現地の風土が染み込んだ食文化の体験でもある点も重要だ。当然，震災直後には，命をつなぐ栄養源としての「あご」を考えているわけだが，しだいに落ち着いてくると，「あご」の中に現地ならではの食材が混じりはじめ，しだいにその虜となっていったりするのである。余裕が出てくると，その食材を食べたさに，ちょいと遠回り，なんてことも起こらないとは限らない。それほど「あ

ご」の魅力は深いのである。

　また，旅の種類にもよるが，旅先での食べ物というのは，必ずしもお金と引き換えに手に入れるものとは限らない場合がある。「ふるまい」とも呼ばれる食べ物は，縁あって遠方からやってきた人々に，おもてなしの一種として提供される。お祭りやご祝儀などに，ふと参加した際に，こんな賜りものを頂くことがある。たいていその時の，旅人の立ち位置は，単なる観光客ではなく，お客人である。折口信夫は，これを「まれびと（稀人）」と呼んだ。遠くから来る異邦人を神の一種と感じ，畏敬の念をもって接するという古くからの慣わしの延長線上にあるものだろう。

　「まれびと」に食をふるまうのは，古くから，特定の家族や地域のコミュニティで受け継がれてきた，「神様から授かった幸せを，ほんのちょっぴりだけど，縁あって遠方から来てくれたまれびととともにシェアしよう」という気持ちの表れなのだろう。こうして，人々は食べ物を旅人とシェアすることによって，徳を積んでいる感覚を新たにするのかもしれない。

●あし（足）

　「あし」は，もちろん現地での移動手段である。阪神・淡路大震災の時は，鉄道は動かないし，道路は不要不急の交通が止められていたので，尼崎あたりからひたすら線路の上を西に歩いて，神戸へたどり着かざるを得なかった。東日本大震災の時は，近くの都市から歩くなんていう距離ではないので，当然自動車が頼りであったが，ガソリン不足の中，燃料の調達と，いかに燃費よく走るか，ということが問われた。ハイブリッドカーが頼もしく思えた時でもあった。

　こうした災害現場では，足を動かすための燃料のことまでも，よく考えざる

を得ないわけだが，通常の旅では，さまざまな種類の「あし」が駆使される。当然，「徒にて参る」というのも随所にあってはよいが，場所によっては人力車というオツな「あし」もある。

　ただ，これだけではなかなか遠くには行けない。だから，「あし」には，飛行機や船，電車やバスやロープウェイといった公共交通機関も含められる。自動車でいえば，タクシーやレンタカー。知り合いの車に乗せてもらうという手もある。また近年，世界的にはウーバーなどの，お手すきの個人の車がアプリで配車され，「あし」となってくれるような，シェアリング・エコノミー的な展開も出てきた。

　自転車というのもあなどれない。最近では，レンタル自転車という手段が比較的手に入りやすくなった。自転車も，のちに見るように，電車に自転車を乗せて移動するなどという，複合的手段も考えられる。

　また，東日本大震災が起きた時に，私はたまたまケニアでスラムの調査をしていた。その調査に遅れて参加する予定だったある学生が，飛行機で東京を発つ直前に震災が起きたのだ。当然，公共交通機関は動いていない。一計を案じた学生は，地震のためにすでに営業どころではなくなっていた，目の前の自転車屋さんに飛び込み，一番安い自転車を現金で買って，それで羽田までたどり着き，ケニアに予定通りやって来た。大混乱のさなか，結果的にそれがベストの選択であったのかもしれない。

　想定外の事態に出くわしながらも，臨機応変に「あし」の確保を算段しながら旅を立て直していくことも，旅の醍醐味の一つである。そのためには，いろんな「あし」の使い方に，普段から思いを馳せておくことも重要だ。いつもの通勤・通学ルートをちょっと変えて移動してみるだけでも，単なる移動が旅になる可能性が出てくる。

●まくら（枕）

　これが，本書に深く関わる部分である。阪神・淡路大震災の時，とるものも
とりあえず現地に行ってしまった私は，被災した知り合いのマンションに泊め
てもらった。当然，ボランティアの本筋からいえば，ダメな例である。本格的
なボランティアは，たとえばキャンプ道具の一式もそろえ，または野宿も辞さ
ない覚悟で行くべきだっただろう。でも，にわかボランティアではそうはいかな
い。ホテルや旅館のような宿泊施設が営業している地域まで帰るには，ふたた
び線路伝いに東に数時間歩かねばならない。でも，そこは被災者の方々もわか
っていて，自称ボランティアの見舞客を快く泊めていただいたのであった。

　その阪神・淡路大震災のころ，前述の濱田さんたちのグループでは，中古の
大型客船を買い上げ，神戸の港に横付けし，避難者の救護・看護・宿泊，レス
キューや復興支援者のための宿泊などに使えないだろうかという提案を検討し
ていたらしい。そして，東日本大震災の時もそうした提案がなされたのだが，
採用してくれる人はいなかった。でも，この案は現在いろんなところで引き続
き検討されているようではある。災害時の「まくら」の確保に知恵を絞るとい
うことは，「泊まる」ということの可能性が根源的に考えさせられるものである。

　さて，ずっと昔，江戸時代の旅人は，近くに旅籠などの宿泊施設がないとき
は，やはり寺社の縁の下や大木の根本で野宿するか，あるいは，見知らぬ民家
に飛び込みでご厄介になるかという選択肢しかなかったろう[3]。

　そんな風に泊めてくれれば，まさに「一宿一飯の恩義」であり，そんな場合
には，泊めてくれた方に，遠い異国の話をしてあげたり，ちょっとしたお手伝
いをして去ったりするものだったろう。かつて，「まれびと」が重宝がられた
のは，このような，遠い異国の見知らぬ物語を聞かせてくれたからでもあった。

　私は大学生の頃，今はなき，東大の駒場寮というところに住んでいた時期が

ある。ある2月の寒い晩，突然学ランを着た高校生が訪ねてきた。「明日受験なんだが，泊まる場所がないから泊めてくれ」というのである。怪しい人ではなさそうだったので，部屋の中の空いているベッドを貸してあげたのだが，その受験生は翌朝早起きして，部屋の掃除をしてくれた上で，受験に行ったのである。「受験なんだから，掃除なんかしなくていいよ」とは言ったのだが，「いえ。一宿一飯の恩義ですから」というご返事だった。お若いのになんと立派な，と思ったが，その後，彼に会うこともなく，したがって，受験結果も分からずじまいなのだが，私にとっては衝撃的な体験ではあった。

こうした「一宿一飯」の物語，すなわち人を泊めるために一時的に住宅を客人とシェアすることは，旧い人にとっては，寅さんの「男はつらいよ」や，山下清の「裸の大将」がおなじみだ。最近だと，「田舎に泊まろう！」といえば若い人に通じるか。こうした「一宿一飯」から生まれるちょっとしたエピソードが，我々の日常の経験を少しだけ豊かにしてくれることもありそうなことは，容易に察しがつく。

このように，客人を「泊めること」は，単に「部屋を賃貸して儲けること」以外に，いろんな広がりがありそうだ。

●「泊める建築」の進化

私は，建築物の中でも，住宅と呼ばれる建物の研究を専門にしているのだが，この住宅の根源的な機能が「まくら」である。すなわち，「寝る」という機能を人間に提供する空間が対象だ。ただ，通常の住宅の場合，そこで寝ることを想定しているのは居住者である。だから，他人を泊めることは主たる目的ではないし，普段は他人を泊めることを想定していないことが多い。ただ，従来から「客間」というものがあるように，やや広い家となると，お座敷や離れを，

写真1　出雲大社の東西十九社

お客人が泊まる時のために通常から確保しておき，そのための便所なども用意しておくということはあった。

　このように，通常寝泊まりしている人以外を「泊める建築」が，住宅の中に内包されずに，住宅の外に，一つの建築の類型として出現してきたものが，旅籠，旅館，ホテルの系譜であったといえよう。では，その古い形態はどんなものだったろうか。

　島根県の出雲大社は，日本の神社の中でもかなり古い形態を残しているといわれる。その境内には，神無月（旧暦10月）に全国から八百万の神々が集まって宿泊するためのお部屋がずらっと並んでいる建物が2棟，本殿を東西からはさむように建っている。それぞれ，東十九社，西十九社と呼ばれる。いわば長屋形式の神様のホテルだ（**写真1**）。出雲地方で神在月と呼ばれるこの月には，このお宿の扉が開け放たれ，全国からやってくる神々がお泊りになるという。

　それでは，神様ではなく人間を泊めるための建築で，古いものにはどんなものがあるだろうか。諸説ありうるとは思うが，ここでは，法隆寺の境内にある，東室を挙げておこう。エンタシスで有名な列柱のある回廊をはさんで，金堂

写真2　法隆寺の聖霊院（左手前），東室（左奥），妻室（右）

の東側に建つ建物である。この東室も平屋の長屋建ての形式で，天平時代には
すでに建っており，13世紀に現在のものに建て替わったそうだ。中庭を挟んで，
その東側にあるのが，かつては東室小子房，現在は妻室と呼ばれる，これも長
屋形式の建物である（**写真2**）。かつては，この中庭には仕切りがあり，東室の
方に偉いお坊さん，小子房の方に若いお坊さんが住んでいたようである。

　つまり，ここは，僧坊と呼ばれる，お坊さんたちのための，いわば「社宅」
として建築された古い様式の建物である。この場合，通常のお宿とは異なり，
住宅に近いのかもしれないが，特定の個人や血族が代々住み継いでいくことを
前提としてはおらず，ある特定の組織の，特定のポジションにいる人が，入れ
代わり立ち代わり住み継いでいくことを前提に建てられている。こうした点で，
こうした建物は住宅と「宿泊施設」の中間に位置するようなものである。この
手の建物も，「泊める建築」の系譜に入れるとすれば，それは，江戸時代の武
家屋敷や，足軽長屋，近代の寄宿舎や社宅や寮につながる系列であるともいえ

る。

◎「泊める建築」と共同長屋

　八百万の神々がお泊りになるような宿泊所から，旅籠から現代の旅館，ホテルに至る系譜と，法隆寺の僧坊などから社宅系の建物に連なる，特定の職位の人々に与えられる空間の系列は，時によって微妙につながり，現在の集合住宅の歴史と重なってくることを次にみてみよう。

　その代表的な例として，近世から明治初期に流行した木賃宿を挙げておこう。「宿」ではあるので，旅籠，旅館の系譜であることには違いない。しかし木賃宿には，幕末から明治にかけて，毎日の泊まり賃を払い続け，そこでずっと宿泊を続け，半ば「定住」するような人々が次第に増えてきた。特に，明治期に入って，田舎から都市へ出てきて日銭を稼ぎながら，そのうちに，いい職にありつくことができれば，敷金と月極めの家賃を払うシステムである普通の長屋に引っ越したいと思いながらも，木賃宿の連泊からなかなか抜け出せない人々が次第に増えていった。

　『日本之下層社会』で有名な横山源之助が1903（明治36）年に書いたエッセイ「下層社会の新現象共同長屋」[4] には，「東京市の木賃宿は，地方木賃宿のやうに一夜客は少なく，大抵は一ト月，二タ月，或は一年，二年，長きは五六年引き続き止宿する者は多いのである」と書かれている。

　木賃宿では，一人一畳程度の広さがあてがわれはするものの，大広間と呼ばれる大空間に，男女構わず雑魚寝するという形式であった。当然，屋根代と呼ばれていた宿泊費も安い。だから，田舎から出てきて，これから東京で一旗あげようという独り者にとっては大変便利な都市居住の第一段階でもあった。が，中には，女房子ども連れとなってもそこから抜け出せない人々も次第に多くな

ってきていた。その結果，木賃宿には次第に別間という個室が用意されるように
なり，そこに泊まる家族持ちも多かったが，その屋根代は泊まる人数に比例
して高くなるので，家族持ちにとってはすこぶる不経済であった。

　そんな時に，東京市本所区（今の墨田区）横川町に出現したのが共同長屋と
いう形式の建築物であった。1901（明治34）年のことである。本所花町で木賃
宿を営んでいた中井平八さんのアイデアだったという。一棟の建物の真ん中に
土間の通路を設け，その左右に，通路と障子をはさんで3畳から4畳半程度の
部屋を配置する形式だ。便所，台所は共同ではあるが，「兎も角も一城郭を為
してホームの安全を得る事」(5)，すなわち，今でいうプライバシーが守られる
ということで人気を博し，これができた1年ばかり後には，本所区だけでも十
数か所建設されたそうである。平屋建てが主流ではあったが，その後10年の
間には2階建ての共同長屋も出現するようになった。これが，大正時代から昭
和時代にかけて，多くの庶民がお世話になった，中廊下式の2階建て木造アパ
ートの源流となるのである。宿泊所である木賃宿が，住宅である普通長屋に近
づくように変化した結果，20世紀最初の年に共同長屋という新たな住宅形式
が誕生したのである。

◉「泊める建築」のビッグバン：集合住宅の誕生

　共同長屋が出現する少し前の1885（明治18）年に発刊された坪内逍遙の『当
世書生気質』には，東京で最も多い人種として，人力車夫と学生が挙げられて
いた。「中にも別けて数多きは。人力車夫と学生なり。おのおの其数六万とは。
七年以前の推測計算方。今はそれにも越えたるべし。到る処に車夫あり。彼処
に下宿所の招碑あれば。」(6) という風に記されている。車夫の中でも，余裕の
ある者は普通長屋，余裕のない者は木賃宿に住むのが相場であった。それが明

治30年代に入って，家族持ちとなれば共同長屋に入るという道筋が見えてきた。

　一方で，学生たちはどこに住んだのか。その多くは下宿であった。島田裕巳[7]や西川祐子[8]は，明治文学の中に「個人が自分の空間をもつこと」の近代性を指摘しているが，それは，近代における「人を泊めるための部屋」の進化の大きな一過程でもあった。一般的には，広めの戸建て住宅の主（あるじ）が，田舎から出てきた学生たちに間貸しをするのが下宿だった。学生の中には，主人の執事的な役割を与えられることもあり，そうした人は「書生」とも呼ばれた。明治文学では，下宿に住まう青年が自由を謳歌して暮らしながらも，下宿先の娘さんなどに恋愛感情を抱いたりして煩悩するパターンが目立つ。それほど，下宿の個人空間がまだ物珍しかったのに違いない。このほかにも，田舎から花嫁修業のために出てきたお手伝いの娘さんたちに提供される「女中部屋」というものも，次第に中流以上の住宅建築に定着してくるようになった。

　田舎からどんどん学生さんが都会にやってくると，下宿はますます繁盛し，明治末年になると専門業者が出てくるようになり，もともとの下宿は「素人下宿」と呼ばれるようになった。そんな中，下宿の部屋だけを横につなぎ，縦に重ねる，今でいう集合住宅という，新たな建築形式が登場するようになる。有名なのは1905（明治38）年に，東大の近くに建った「本郷館」という木造3階建ての下宿であった。旅館経営者の一族が建てたもので，建物の形式としては旅館建築に近かった。そこに，全く新手の建築物として登場したのが，1910（明治43）年に不忍池の近くに建った「上野倶楽部」である。階段室と中廊下によって構成される木造5階建ての高等下宿であった。多くの建築の本では，こちらが，日本のアパート建築の始まりであると記載されている。

　そして，その翌年の1911（明治44）年には浅草の大火が起き，東京府や東京市に集まった義援金で設立された辛亥救済会が，「玉姫公設長屋」という復興住宅を建設した。これは，日本初の公的住宅供給だといわれる。ここでは，片廊下式の2階建て木造住宅が建設されたが，おそらく日本で最初期の2階建

て片廊下式集合住宅であろう。

このようにして，明治末年には，中廊下式，片廊下式の多層階木造集合住宅が次々と出現したのである。そして 1916（大正 5）年になると，長崎軍艦島 30 号館のような，社宅としての鉄筋コンクリート造の集合住宅が出現するのだが，それより後の同潤会アパートも，戦後の集合住宅も，構造が異なるだけで，基本的な空間形態は，明治末年に開発された木造集合住宅と原理的には同じであった。つまり，「泊める建築」の進化が，明治末年に花開き，いわば「集合住宅のビッグバン」を生み出し，その後の集合住宅の進化を一気に推し進めたのであった。

●次なる「泊める建築」のビッグバンは？

そして現在，民泊という新しい「泊める」概念が日本の各地で熱心に議論されている。私にとってこの現象は，あたかも明治半ばから末年にかけて，次々に都市にやってきた人々をどう受け入れるのかという「泊める建築」の進化と同じ位相に感じられる。はたして，この議論の先に，明治末年に生じたような「集合住宅のビッグバン」的な，建築の進化を招来するのか，というのが，私の目下の関心事である。そして，そのことを，2017 年の夏，以前からお付き合いのあった出雲市平田町にある木綿街道振興会のみなさんと共同で，ちょっとした社会実験的なワークショップを通じて確かめてみた。

木綿街道という街道が昔からあったわけではない。江戸時代からの造り酒屋やお醤油屋さんなどの建物が多く残るこの地区で，20 年ほど前に地元の有志が中心となり，イベントを行った際に，特に歴史的な建物群が集中する通りを「木綿街道」とネーミングしたのが，そのままこの地区の通称となって定着しているのである。

写真3　木綿街道の風景

　このエリアは，砂鉄を用いたたたら製鉄で有名な南出雲の山地から，宍道湖に流れ出る斐伊川の河口にある。上流で砂鉄を採集するために，川に大量の土砂が流れ込む。それが下流で堆積するため，それを取り除く浚渫作業とともに，河口の周りが徐々に埋め立てられていった。当然埋め立てばかりの土地には塩分がたくさん入っているために，すぐに稲は植えられない。代わりに塩分に強い綿花の栽培が盛んになり，ここが一大綿花生産地となって，昭和の前半まで大変に賑わっていたという。

　その賑わいの名残が現在の木綿街道である。ただ，賑わいの中心であった大通りの立派な伝統建物群は，昭和の後期に道路拡幅によって，どこにでもある無表情な町並みにとって代わってしまったため，一本奥まったこの木綿街道の方が，かえって昔の風情を色濃く残すようになったのだ。

　この通りに展開する酒蔵，醤油蔵，商家などの建築群を残し，空き家利用を多様に図りつつ，かつての賑わいを取り戻す活動を地道に行ってきたのが，木綿街道振興会であった。その地道な活動が評価され，2015年には㈶住宅生産

写真4　お醤油屋さんでの朝食

振興財団が主催する「住まいのまちなみコンクール」で国土交通大臣賞を受賞している。たまたま私はその審査委員だったので，ここをよく知っているというわけだ。

　このエリアは，もともと駅前の中心街というわけではなかったので，エリア内に宿泊施設はない。しかし，酒蔵，醤油蔵，伝統和菓子ではそれぞれに，醸造蔵や工場の見学やオリジナル商品の開発に取り組んでいる。また，空き家をリノベーションしたカフェもあり，そしてなによりも素敵な町並みや川並みが，少しずつ観光客をひきつけ始めていた。また，歩いて行ける所には源泉かけ流しの割烹温泉施設もある。そして，隣接するエリアの旅館などからの要請で，醤油醸造所のお母さんが，発酵風味豊かな朝ごはんを特別に出してくれるようにもなっている。

　つまりこの町は，「あし」を使った少しばかりの散歩によって，朝，昼，晩の「あご」だけでなく，「ゆ」にもありつけるようにできているのだ。そして，それぞれへの行き来が散歩となり，それ自体が「観光」となる。お店をちょいとのぞけば，蔵や工場の中まで見せてくれ，町並みだけではなく，町で長年息づいてきた生業の歴史と技術を学ぶことができる。

　ただ，足りないのが「まくら」である。この町中に，ちょいとした「まくら」機能さえあれば，それはただの「観光」ではなく，あたかもこの町に「チョイ住み」に来たような感覚になる。このエリアの中で今のところ「まくら」はないが，民泊を導入すれば，まるでこの町全体があたかも旅館やホテルであるかのような，町が丸ごと宿泊施設のような機能構成が可能なことを，大学で共同研究をやっていた Airbnb Japan のスタッフさんや東大の城所先生たちと確認できた[9]。さらに，ここを拠点の一つとして，レンタサイクルを一畑電車内に持ち込み，出雲大社へ参詣という観光も楽しめる。ちょいとした「あし」の工夫で，他のエリアと町がつながりうるのである。

　振興会は現在，市設の木綿街道交流館の指定管理者ともなっており，ここで鍵の受け渡しや，町に「チョイ住み」するためのインストラクションを施すこともできる。この際に，民泊でいろいろと問題になるような行為をあらかじめ予防することも可能だろう。もちろん，利益第一というよりは，町にどんどん増えてゆく空き家の活用の方が重要なので，問題を起こしそうな観光客を予約前にフィルタリングすることも可能だろう。

　さらに，民泊が「チョイ住み」体験を誘発し，もしかしたらその町を気に入ってくれて，移り住む人が現れないとも限らない。すでに木綿街道では，よその町からこの町が気に入って振興会のまちづくり活動に積極的に参加する「木綿小町」と呼ばれる，いわば「木綿街道女子部」のような女子たちがたくさんいるらしい。もしこの町が本気で気に入ったら，「民泊（チョイ住み）で数泊 ➡ シェアハウスで1か月 ➡ リノベ賃貸で1年 ➡ 賃貸アパートに移住 ➡ 空き家物件を買い取ってリノベ」といったハウジング・チェーン[10] が生まれ，地方が一番欲しがっている若い移住者が手に入るかもしれない。

　こうして，町全体，地域全体の様々な空間資源をつなぐプログラムを挿入することによって，町全体が，あたかも一つの建築物として有機的に作用するような，そんな進化を，民泊現象は建築に迫っているのかもしれない。

〈参考文献〉

(1) 仮設市街地研究会『提言！仮設市街地—大震災に備えて—』学芸出版社，2008年

(2) 復興まちづくり研究所『陸前高田・長洞元気村復興との闘いと支援2011〜2017 実践！復興まちづくり』合同出版，2017年

(3) 宮本常一『日本の宿』八坂書房，2006年

(4) 横山源之助「下層社会の新現象共同長屋」立花雄一編『横山源之助全集（第三巻）』2006年収録

(5) 前掲書

(6) 坪内祐三，宮沢章夫編「一読三歎 当世書生気質」『明治の文学（第4巻）坪内逍遥』筑摩書房，2002年

(7) 島田裕巳『個室—引きこもりの時代』日本評論社，1997年

(8) 西川祐子『借家と持ち家の文学史—「私」のうつわの物語』三省堂，1998年

(9) 東京大学，Airbnb Japan共同研究「民泊を活用した都市再生手法の研究」主査：城所哲夫，2017年

(10) 大月敏雄『町を住みこなす—超高齢社会の居場所づくり』岩波書店，2017年

私の民泊体験記
——古民家,空き店舗を使ったシェア的生活実験——

カルチャースタディーズ研究所 代表取締役

三 浦 展

　本章では,民泊についての理論や法制度,問題点などではなく,私のわずかな民泊の体験記,およびそれに関連する取材レポートを,シェア型のライフスタイルの広がりの一例として考えながら書くことにする。

◎五島列島で家賃1万円の古民家をリノベして民泊に

　私は2014年に地方の取材をしばしば行った。その一環として一般家庭に民泊もしたが,最初は千葉県に住む知人の宮城県石巻市の実家だった。本当の実家は3.11の津波で流されており,泊まったのは別の地域の高台に移住したものであり,知人の両親が住む小さな家であった。

　二番目は五島列島の福江島の,あるシングルマザーの自宅である。と書くと,なんだか怪しい雰囲気だが,このシングルマザー,芳澤瞳さんは,マザーになる以前から「リノベの女王」と言われてリノベーション業界では有名な女性だった。

彼女と出会ったのは 2012 年，私の『第四の消費』を読んだ彼女が是非博多の冷泉荘で講演をして欲しいとツイッターで申し込んできた（当時彼女は福岡市内に住んでいた）。だが費用が少ないので，ついでに小倉の北九州家守舎でも講演して欲しいという，得なのか損なのかわからないご依頼だった。

　だが，リノベの女王様にも謁見したかったし，小倉のほうは，今や有名になったリノベーションスクールの建築家・嶋田洋平くんにも会いたい，また博多の古いビルをリノベーションして文化拠点にしたという冷泉荘も見たい，ということで福岡に向かったのだった。

　その講演後，彼女が無事子供を産み，五島列島に移住するという情報が流れてきた。その後の詳しい経緯は省くが，結局，彼女は五島の中心地である福江島の古民家を月 1 万円で借り，子どもと二人で住み始めた。住む家を必ずリノベーションするのが女王のやり方で，当然この古民家もリノベし，かつ，たずねてきた人はそこに泊める，という活動を始めた（その際，彼女と子どもは同じ福江島のおばあちゃんの家に泊まる）。シングルマザーと移住という二つだけでもかなり話題性があるが，そこに古民家リノベーションと民泊が加わったわけで，これは取材しないわけにはいかないと 2014 年に伺ったのである。

　40㎡ほどの古民家は県道に面しているが，広い庭があるので，家と道路の距離は 20m くらい離れている。安い家賃で借りたかわりに，家に不具合が発生したときは自分で直すという条件だそうだが，そのほうが女王には願ったりかなったりだ。

　部屋の中は，東京のカフェのように変貌していた。一室は和室を洋室に変え，LDK になっていた。しゃれた食器，調理器具，ワイン，スパイスなどが揃ったキッチンは，港区の暮らしかしらと思えるほど最先端だった。何でもネットで買えるから，ということだった。LP プレイヤー付きのステレオは，バングアンドオルフセン。1960 年代のものと思われ，ミッドセンチュリーモダンのデザインが胸キュンであり，音も良い。ついつい私はテンションが上がり，帰

写真1　福江で最初に古民家リノベした自宅

京後彼女に，私の所蔵する LP や CD から，彼女に相応しいものをプレゼントした。

　私はこの家に二泊した。彼女の案内でとっても透明で美しい海や，誰もいない浜辺や，鬼岳という山に案内してもらい，船で世界遺産の教会のある島まで往復し，夕方温泉に入り，やはり東京から移住した夫婦が経営する，とてもおいしいレストランで夕食をとった。五島ってこんなにいいところなんだ！　感動した。

　もし，五島に普通のホテルしかなかったら，いや，ちょっと豪華なリゾートホテルがあったとしても，私は五島に行くことはなかっただろう。そして，五島の魅力を知ることもなく終わったはずだ。移住者が多いから，古民家リノベーションだから，民泊だから，五島をたずねたのだ。そういう意味で，古民家リノベーションや民泊には観光客誘致の効果もあるのだ。

　フェイスブックによると，芳澤さんは2017年にさらに新しい家を造った。

写真2　空きビルを改造した民泊施設「ジャスミン」のベッドルーム

名前は「ヒトミシリビル」。1月に島の中心部のアーケード街近くに二階建の空きビルを土地代だけで270万円で購入。日本政策金融公庫から350万円借り入れ，母から200万円借金，自己資金100万円。リノベには350万円をかけた。二階部分を3ヶ月かけて半セルフリノベで住居に転用。5歳の息子が小学校に上がるタイミングで（小学校までが遠いので），先の古民家からヒトミシリビルへ引越す予定だ。それまでは外部事業者に一棟丸ごと賃貸し，事業運営を共同で行っている。二階を宿，一階は人が集う場とし，ヒトミシリビルを五島の新しいメディアとして運用する。

　宿の名前は「ジャスミン」。7月オープンした。一階の端っこでは，「金木犀」という小さな飲食店を9月にオープンした。

　このビルを買った理由は，前述の古民家が簡易宿泊業の許可を取らずに民泊運営していたため，保健所の人がある日やって来て摘発され，始末書を書かされた。他者を自宅に泊めて，「暮らすように旅をする」感覚を旅行者に提供し，

五島の魅力を伝えるチャンスを奪われたので腹が立ったのだ。「そもそも島に泊まりたくなる宿がないから私の自宅が人気になっただけ。私を規制する前に，既存の旅館を守る前に，魅力ある宿と食にもっと努力するべきでは？」と思った。

ちなみに，彼女の年収は放射線技師として年の1/3だけ働き150万円。残りの2/3はリノベ活動や息子とのゆるい島ぐらしを満喫しているという。毎月4万円のひとり親手当を全て貯金して，不動産購入・リノベ資金にあてている。

◉福岡の山村の古民家シェアハウスで狩猟採集生活。月の食費は1,500円

2012年の芳澤瞳さん主催の講演会で出会ったのが畠山千春さんだ。『第四の消費』の話を聴いて，これだーっと思ってくれたらしいが，一体どのへんにピンと来てくれたのかは私にもよくわからない。とにかく，その時点では福岡に移住してシェアハウスに住む，狩猟をするということは聞いていて，シェアハウスはともかく，狩猟をして暮らすとはびっくりした記憶がある。

4年後の秋，「高齢社会に求められるシェア的暮らし」といったテーマの講演のために博多に行くと，畠山さんと再会した。彼女も講師の一人だったのだ。すでに彼女は「狩猟女子」として有名になっていた。本も出していた。

狩猟は，秋冬になると，山に入り，イノシシを狩り，自分で解体して，肉を食べる。ニワトリを飼って，それを絞めて食べることもあるそうで，モグラも食べたことがあるが，柔らかくて美味いという。彼女のバッグも靴もイノシシの毛皮でできていた。まるでもののけ姫，いや縄文時代。すごいことになっているなと思った。即座に近々取材に行くからと約束を取り付け，2017年6月に取材に向かった。

写真3　いとしまシェアハウス

　だが，狩猟女子としての側面だけを注目されるのは不本意だという。

　「私は生活実験家なんです。」という。

　畠山さんは，福岡県の西の端，糸島の山間部に古民家を借り，リノベーションしてシェアハウス（名称は「いとしまシェアハウス」）にし，夫と二人で管理人をし，シェアメイト六人と共に暮らしている。庭には池があり，風流だ（**写真3**）。私は，そのシェハウスの二階に二泊した。シェアメイトは朝食は自分でそれぞれつくる仕組みらしいが，私の分は畠山さんがつくってくれた。夕食はシェアメイトが全員揃って食べるらしく，二泊目の夕食はイノシシの肉が出た。私は市場で買ったカレイの煮付けをつくった。

　春夏は狩猟はせず，借りた田んぼで米を作る。田んぼの作業はみんなで午前中の空いた時間にする。野菜は農家から安く買う。あるいは，以前シェアハウスに同居していた男性が，独立して農家になったので，そこからも買う。

　野菜はほんとに安い！　ロードサイドの直売所にも行ってみたが，キュウリ

写真4　シェアメイトがみんなで田植えをする

が10本で100円くらい。

それから，農家から梅とびわの木を借りて収穫する。収穫したものはパッケージして友人，知人に通信販売する。

もちろん，自分たちでも梅酒にしたり，びわの葉をお茶にしたりする。庭のドクダミもお茶にしたり，薬として使う。塩は海の塩を蒸留したもの。味噌も自分でつくる。体調が悪いときは医者に行かず，薬を飲まず，整体で治す。シェアハウスに整体師の男性が住んでいるのだ。

魚はまだ自分たちでは捕らないので，買って食べることもあまりない。今後は漁もできるようにしたいと夫のコウイチさんは言う。

コウイチさんは東京の世田谷でエスニックレストランのシェフをしていた。畠山さんと東京で知り合い，意気投合し，一緒に糸島に移住したのだ。今の仕事は，韓国の伝統的な床暖房であるオンドルを日本の住宅に広めること。受注し施工する。いとしまシェアハウスもすでにオンドル工事済みだ。その他にも

料理のケータリングをし，冬は酒蔵の蔵人もしている。

　いとしまシェアハウスにテレビはない。ステレオは近所の農家からもらった。家具も全部もらいもの。クルマがないと暮らせない地域なので，一人一台クルマを持っているが，大体もらいものか，非常に安く中古で買ったものだ。畠山さんの車はコウイチさんと一緒に6万円で友人から買った。

　畠山さんのスマホも中古。イノシシの肉と交換して手に入れたこともあるという。

　お風呂はあるが，クルマでロードサイドの温泉に行くことも多い。海に夕陽が沈むのを見ながらお湯につかり，上がると，海でとれた魚を食べる。暮らし全体が，自然と地域住民とシェアメイトたちとでシェアしあう形になっている。

　こういう暮らし方なので，「シェアハウスでの月の食費は一人当たり1,500円〜3,000円。その他，ガス，電気，電話，インターネットなど含めて7,000〜8,000円。もちろん，仕事で外に行ったときの外食費は別です。借りている古民家の家賃は5万円ですが，シェアメイトが一人当たり2〜3万円負担。余った分をシェアハウスの管理費，改修費，農機具の整備や修理費，将来の修繕積み立て金などに当てています。」

　今後の目標はシェアハウスとしての収入を増やして，シェアメイトの家賃負担を減らすこと。そのためにシェアハウスでイベントをしたり，二階を企業の研修のための宿泊所として貸したりする。今後も新しいビジネスを考えるのがシェアハウス管理人の仕事のひとつだという。

　畠山さんは埼玉県の郊外のマンション育ち。大学は環境系，最初の仕事も環境系のメディアだった。だが，何と言っても，2011年の3.11の大震災で価値観が変わったという。

　「自分のわからないところで食べ物がつくられることに疑問を持ったんです。」
　それがこういう，いわば自給自足の暮らしを始めたきっかけだ。
　「別に苦労してこういう暮らしをしているつもりは全然ないんです。自分が

納得できて楽しい暮らしをどうやったら実現できるか，一種の生活実験をしているんです。どこまで自分でできるのか，試したい。」

たしかに，民泊と言ってもホテルの代わりに民家に安く泊まるだけではつまらない。いとしまシェアハウスのようなところに泊まるのは，宿泊することで，自分の生活を見直すきっかけにもなるという点が面白い。私は田植えや梅やびわの収穫を手伝っただけで，狩猟はしなかったが，彼女と一緒に狩りに行く，一緒にニワトリをさばくこともできるのだ。

●郊外の 90㎡の空き家を 100 万円で買ってリノベ。横須賀から横浜に週 3 日勤務

次は郊外の話。民泊のための家ではないが，友人を泊めることはあるだろうし，古民家リノベーションをしており，かつ，今後需要が拡大する郊外再生の話とも通ずると思うので紹介する。

立花佳奈子さんは，飲食店やシェアハウスのリノベーションをする会社に勤務して 6 年になる。今は，その会社がつくったシェアハウスやツリーハウスの運営業務に携わり，週 3 日だけ勤務している。残りの 4 日は，横須賀の山の上に買った廃屋同然の空き家で過ごしている。駅から 10 分くらい。最後は相当たくさん階段を上る。

築 70 年くらいの平屋で 4DK だったが，これを 2016 年に 100 万円で買い，1 年かけて，自力でリノベーションしてきた結果，夏前にはなんとか住めるようになった（**写真 5**）。

リノベーションした部屋を実際に見せてもらうと，多くの物が横浜市内の住宅の解体現場などからもらってきた木材や家具で構成されている。ハシゴを棚にしたり，創意工夫が溢れている。ステレオももらったもの。テレビはない。

写真5　100万円で買ってリノベ中の廃屋

お風呂だけは西洋風の猫足のバスタブを置いた。

　横浜にはけっこういい家具や部材が出るという。たまたま通りかかった解体現場でいい物が見つかると，工事をしている人に頼んで，とっておいてもらい，あとから軽トラで引き取りに行く。そうやって集めたお宝が立花さんの部屋をつくりだしている。家には古いオーディオが置かれた書斎のような部屋があり，接続してみると使えたので，今度シアタールームなどに活用したいそうだ。

　窓の外はウッドデッキを作った。そこにハンモックを吊し，犬を抱きながら山を見て，お酒を飲んでいるときが楽しいという。

　ところで気になるお値段は？　というと，お小遣いの範囲でできるリノベーションという感じだという。誰でも毎月趣味に使うお金をリノベーションに使っていると思えばいいらしい。

　「この家は，過ごすことを楽しむ場所にしたい。友人を呼んだり，料理や音楽などのイベントをしたり，みんなで楽しみたい」という。会社に頼んで週6日勤務を3日に減らしてもらったのも，そのためだ。せっかく自分でつくった家なのだから，できるだけたくさんの楽しい時間をそこで過ごしたいと思うの

写真6　キッチンの様子

は当然だ。だが，サラリーマンにとって家は寝るだけの場になりがちだ。だから，会社の近くのマンションに高い家賃やローンを払って住む人が今は多い。

　しかし，家を「過ごす場所」にしたいと思えば，もっと別のやり方もあるはずだ。100万円で買った古民家を自分の好きなようにリノベーションして，ひとりでゆったりする，あるいは友人と過ごすために週3日勤務という暮らしを手に入れた立花さんのような家との関わり方はとっても素敵ではないか。

◉杉並区でオフィス，カフェ，ベッド，ブックをシェアするビル

　最後は，都会の話。JR中央線西荻窪駅近くの雑居ビルの3階に，「タスカフェ」（+café）というカフェがある。2006年にできた。

　カフェといっても，建築家の岩間航さんとデザイナーのシェアオフィスであり，事務所にしては広いスペースをカフェとギャラリーにしている。カフェは別の人（いつか自分のレストランを開きたいがまだ開けない人）が岩間さんからキ

写真 7 　Airbnb「タストコ」（＋床）

　ッチンとスペースを借りて特定の時間帯だけ別の店名で店を開き，料理を出す。その店が終わった時間帯は岩間さんがコーヒーなど簡単なものだけをサーブする。

　ギャラリーは岩間さんも使うし，別に人に貸し出しもする。フリースペースとしてイベントに貸し出すこともある。つまり，シェアオフィスでありながら，カフェ，ギャラリーとしてもシェアするのだ。

　カフェの一角には「タスタナ」（＋棚）という本棚コーナーがあり，高価な

写真集が並んでいる。これもシェアだ。本の持ち主は別。実は私，三浦展である。岩間さんは都市の写真が好きで，自分でも撮影するので，都市をテーマにした写真集をたくさん蔵書で持っている私が岩間さんに貸し出しているのだ。

さらに四階は，ホテル「タストコ」（＋床）である。Airbnb で人を泊めている。これは 2012 年に始めた。

設計は岩間さん自身，もちろん三階もそうだ。家賃は駅前にしては安いが，ぼろぼろだったのでオーナーから 50 万円を援助してもらい，あとはほぼ自分で施工した。現代的な内装なので，デザイン感度の高い客がすぐに付く。

チェックイン，チェックアウトは岩間さん自身が行う。食事は外でとってもらう。駅前なのでいくらでも飲食店はあるし，そのほうが街を楽しめるし，西荻は美味しい店も多い。何よりも街の楽しさをシェアすることが大事だ。そういう気分にさせる装置として「タスカフェ」全体がうまく機能している。

また，「タストコ」は，漫画家が締め切り前に缶詰になるときや，地方のマッサージ師が東京に出張してマッサージを行うときにマッサージ室として使うこともある。

なぜこういうことをするのか。

「自分は建築家なので，普通に暮らしていると建築家の仲間しかいないし，仕事で出会う人としか付き合わなくなる。オフィスをシェアし，カフェやギャラリーもつくると，知らない人と出会うチャンスがぐんと増える。でも，感覚的にはデザインとか音楽とか出版とか NPO とか文化的な感じの人が集まるので楽しい」という。

◉まとめ

近年，土鍋でご飯を炊いてみる，梅酒や梅干しを漬けてみるという初歩的な

ものから，もう少し進んで味噌づくりや自然派石鹸づくりのワークショップに参加するなど，消費するだけではない，自分でできることは自分でしてみるという暮らしを求める人が，特に女性で増えている。

　もちろん，自分の生活を自分で作ることは，昭和30年代以前の日本ではあたりまえのことだった。国民の過半数は農民であった。「百姓」とは100の仕事ができる，100の姓を持つ，という意味である。自分たちの生活に必要な物は自分たちで作り，必要なことは自分たちでする。

　だから，昭和ひとけたの，特に農村漁村の人なら，「生活実験」なんて何を今さらと思うかも知れない。そんなのは実験ではなく，昔の日常だと。

　しかし，高度な文明が実現された今，文明と共存しつつ，文明のもたらした問題に気づきながら，さまざまな生活の実験がおこなわれるようになったのだ。

　民泊も，昔は，見知らぬ旅人を馬屋に泊めるくらいはあっただろうし，寺の軒先や縁の下に寝泊まりする旅人もいたのだから，そう言う意味では一種の生活実験かもしれない。実験する人も，される（？）人も楽しめるのが，よい民泊なのかもしれない。

〈参考文献〉

三浦展（2012），第四の消費，朝日新聞出版

モニーク（MONNIK）編著（2015），Tokyo totem　トーキョー・トーテム　主観的東京ガイド，フリックスタジオ

嶋田洋平（2015），ほしい暮らしは自分でつくる　ぼくらのリノベーションまちづくり，日経BP社

──────── 〈執筆者一覧（掲載順）〉 ────────

浅見　泰司（東京大学大学院 工学系研究科 都市工学専攻 教授）

矢ケ崎紀子（東洋大学 国際観光学部 准教授）

安念　潤司（中央大学大学院 法務研究科 教授）

小澤　英明（弁護士・小澤英明法律事務所）

佐藤　康之（弁護士・松田綜合法律事務所）

樋野　公宏（東京大学大学院 工学系研究科 都市工学専攻 准教授）

山田　貴大（東京大学 工学系研究科 都市工学専攻 修士課程）〈執筆時点〉

山本　幸子（筑波大学 システム情報系 准教授）

城所　哲夫（東京大学大学院 工学系研究科 都市工学専攻 准教授）

大月　敏雄（東京大学大学院 工学系研究科 建築学専攻 教授）

三浦　　展（カルチャースタディーズ研究所 代表取締役）

民泊を考える　　　　　　　　　　ISBN978-4-905366-76-8　C3036

2018 年 5 月 5 日　印刷
2018 年 5 月 15 日　発行

編著者　浅見　泰司／樋野　公宏

発行者　野々内邦夫

発行所　**株式会社プログレス**　〒160-0022　東京都新宿区新宿 1-12-12
　　　　　　　　　　　　　　　電話 03（3341）6573　FAX03（3341）6937
　　　　　　　　　　　　　　　http://www.progres-net.co.jp　E-mail: info@progres-net.co.jp

＊落丁本・乱丁本はお取り替えいたします。　　　　　　モリモト印刷株式会社